Lehrerbegleitheft zu Band 184
der Schriftenreihe
zur Praxis der Leibeserziehung und des Sports

Arbeitskarten für den Sportunterricht

Mappe VII:

Technik-, Taktik- und Konditionsschulung Handball

Horst Käsler
Eva Müller-Kleininger
Dieter Kruber

Mitarbeiter
Norbert Völker

Verlag Karl Hofmann   7060 Schorndorf

Inhalt

		Seite
1.	Aufgaben	3
2.	Formen	4
3.	Inhalt der Mappe VII	4
4.	Didaktische Einordnung	5
5.	Didaktisch-methodische Vorüberlegungen	6
6.	Einsatz	9
6.1	Einsatz als Anschauungsmittel	9
6.2	Einsatz als Aufgabenblätter und Organisationshilfe	10
6.3	Einsatz als Übungssammlung für den Sportlehrer	10
7.	Grundsätze zur Unterrichts- und Trainingsplanung	11
8.	Organisationsbeispiele	13
8.1	Circuit- oder Zirkeltraining	13
8.2	Stationstraining	16
9.	Stundenbeispiele	17
10.	Statistischer Teil	28
10.1	Das Untersuchungsverfahren	28
10.2	Darstellung der Ergebnisse	30
11.	Schlußbemerkungen	30

Hinweise zum Gebrauch der Arbeitskarten

1. Aufgaben

Es ist Aufgabe der Arbeitskarten dieser Mappe, Handballunterricht und Handballtraining in motorischer, kognitiver und sozialer Hinsicht effektiver gestalten zu helfen.

Den Nicht-Experten unter den Lehrkräften werden die Arbeitskarten vor allem
— als methodischer Leitfaden zum Aufbau des Handballspiels und
— als Aufgabensammlung dienen.

Da die auf den Karten dargestellten Bewegungsformen vom Einfachen zum Schweren fortschreiten und jede einzelne Karte auf Verständlichkeit überprüft wurde, erscheint diese Anwendung durchaus gerechtfertigt.

Die vielfältigen pädagogischen Möglichkeiten der Arbeitskarten werden allerdings auf diese Weise nicht ausgeschöpft.

Erfahrene Handball-Lehrer sollten bewußter mit den Karten umgehen und sie im Rahmen ihres persönlichen didaktischen Gesamtkonzepts nutzen, und zwar:
— teils als Anschauungsmittel zur Entwicklung und Verbesserung der Bewegungsvorstellung ihrer Spieler,
— teils als Organisationshilfe zur rationelleren Planung und Durchführung von Circuittraining, Stationsbetrieb und von Zusatzaufgaben,
— teils als Grundlage zur Einleitung sach- und problemorientierter Erörterungen über Probleme des Handballspiels,
— teils als Hilfsmittel zum Provozieren sozialer Lernprozesse im Rahmen gruppenunterrichtlicher Lehrverfahren.

Der kritische Leser wird rasch bemerken, daß an den Arbeitskarten Handball weder die Inhalte noch deren methodische Reihung neu ist. Es wird auffallen, daß bekannte Inhalte aus eigener Lehr- und Trainingsarbeit bei der Erstellung der Arbeitskarten verwendet werden. Neu ist in Anlehnung an die in dieser Reihe erschienenen Arbeitskarten die für unterrichtliche Zwecke rationellere Darstellung auf Karten und die Bearbeitung der Inhalte unter informationellen Gesichtspunkten. Beides macht es möglich, die Karten auch als Lehrmittel für die Hand des Schülers zu nutzen.

Dem Lehrer ersparen die Arbeitskarten in diesem Fall oft wortreiche Erklärungen und zeitraubendes Vormachen. Die gewonnene Zeit kommt anderen, wesentlicheren unterrichtlichen Aufgaben zugute.

Die Berücksichtigung von Regeln der Informationsverarbeitung zeigt auf der Negativseite, daß dem Medium Arbeitskarte auch Grenzen gesetzt sind. So ist es z. B. nicht möglich gewesen, komplexe taktische Handlungen so übersichtlich und einprägsam darzustellen, daß sie von Schülern noch verstanden werden. Trotzdem haben wir versucht, komplexe Aufgaben verständlich und übersichtlich darzustellen, die beim Handball-Unterricht/Training nicht fehlen dürfen. Trotzdem wird der Trainer von Neigungsgruppen und Vereinsmannschaften ihm wichtig erscheinende Spiel- und Übungsaufgaben vermissen. Wir sind uns dieses Mangels bewußt und empfehlen in diesem Fall, auf konventionelle Lehrverfahren zurückzugreifen, die sich in den genannten Bereichen als wirkungsvoller erweisen.

2. Formen

Bisher sind Arbeitskarten für folgende Sportarten bzw. Aufgabenbereiche erschienen:
— Allgemeine Konditionsschulung, Teile 1, 2 und 3
— Allgemeine Bewegungsschulung für 5- bis 10jährige
— Sonderturnen: Teil 1: Haltungsschulung; Teil 2: Koordinationsschulung
— Familiensport: Teile 1 und 2
— Leichtathletik
— Fußball
— Volleyball
— Basketball.

3. Inhalt der Mappe VII

Die vorliegende Mappe umfaßt:

Gruppe 1 (weiß)	32 Bild-Reihen zur Technikschulung
Gruppe 2 (hellgrün)	16 Aufgaben zur Ballführung
Gruppe 3 (gelb)	24 Aufgaben zum Passen und Annehmen
Gruppe 4 (rosa)	32 Aufgaben zum Torwurf
Gruppe 5 (dunkelgrün)	8 Aufgaben zum Torwartverhalten
Gruppe 6 (dunkelrosa)	16 Aufgaben zur Speziellen Konditionsschulung
Gruppe 7 (goldgelb)	16 Aufgaben zum Angriffsverhalten
Gruppe 8 (hellblau)	16 Aufgaben zum Abwehrverhalten
Gruppe 9 (ziegelrot)	24 Spielerische Übungs- und Wettkampfaufgaben
Gruppe 10 (grau)	8 Spielaufgaben zur Entwicklung spezieller Spielfähigkeit

192 Aufgaben auf 96 Karten

Bei der Gruppierung der Arbeitskarten wurde darauf geachtet, daß die für das Spiel wichtigen technischen Fertigkeiten, taktischen und speziellen konditionellen Fähigkeiten, über die der Handballspieler verfügen sollte, angesprochen werden.
Zur Aufgabenauswahl und zur Darstellung der Abläufe waren folgende Kriterien maßgebend:
— Die Aufgaben mußten, dem angegebenen Übungszweck entsprechend, zeichnerisch und sprachlich dargestellt werden können.
— Die Aufgaben mußten im Rahmen gruppenunterrichtlicher Lehrverfahren einsetzbar sein.

- Ein Teil der Aufgaben sollte von Anfängern, ein anderer Teil von Fortgeschrittenen verstanden und zumindest in Ansätzen auf Anhieb realisiert werden können.
- Innerhalb jeder Gruppe sollten die Aufgaben vom Leichten zum Schweren fortschreiten.

4. Didaktische Einordnung

Die Arbeitsblätter dieser Mappe sind nicht als Lehrprogramme, sondern als Anschauungsmittel und als Übungskarten konzipiert. Sie eignen sich vor allem für den Einsatz im Rahmen einer Spielerziehung, in der neben dem Spielen und Spielen-Lernen auch auf eine Erarbeitung und Festigung technischer, taktischer und konditioneller Elemente Wert gelegt wird, was der komplexen Spielvermittlung entspricht.

Den didaktischen Stellenwert, den wir unseren Arbeitskarten zuerkennen, möge unsere nachstehende Tabelle 1 verdeutlichen:

Tabelle 1

Elementarisierter, vorwiegend fertigkeitsbezogener Lehrgang	Arbeitskarten als Anschauungsmittel zur Darstellung technischer Fertigkeiten (Gruppe 1)	andere Methoden zum Erlernen des Spiels
	Arbeitskarten als Anschauungsmittel und Organisationshilfen zur Erarbeitung und Schulung der Technik und Taktik (Gruppen 2, 3, 4, 5, 7, 8)	
	Arbeitskarten als Anschauungsmittel und Organisationshilfen zur Erarbeitung und Schulung spezieller konditioneller Fähigkeiten (Gruppe 6)	
Komplexer vorwiegend interaktions- und handlungsorientierter Lehrgang (Partnerbezug)	Arbeitskarten als Anschauungsmittel und Organisationshilfen bei Verwendung motivations- und interaktionsfördernder sowie technik- und taktikverbessernder spielerischer Übungs- und Wettkampfformen (Gruppe 9)	
	Arbeitskarten als Anschauungsmittel und Organisationshilfen beim unterrichtlichen Einsatz der „Spielreihe" Handball (Gruppe 10)	

Unsere Tabelle zeigt folgende Sachverhalte:
1. Um Handball spielen zu lernen, reicht das Medium Arbeitskarte allein nicht aus. Es muß vielmehr alternierend mit anderen Lehrverfahren eingesetzt werden.
2. Ein Handballehrgang sollte sowohl handlungs- und interaktionsfördernde als auch fertigkeitsbezogene Elemente aufweisen.

3. Auf Grund des Partnerbezugs können unsere Arbeitskarten zur Realisierung beider Aufgaben herangezogen werden.
4. Mit Ausnahme der Spielphasenaufgaben (Gruppen 7, 8) und z. T. der spielerischen Übungs- und Wettkampfaufgaben (Gruppe 9), können alle Aufgaben/Karten gleich von Anbeginn des Handballehrgangs eingesetzt werden. Es ist jedoch stets darauf zu achten, daß bei Anfängern die vorgegebene Reihenfolge der Aufgaben eingehalten wird. Die Spielphasenaufgaben und einige spielerische Übungs- und Wettkampfaufgaben setzen z. T. schon technische Fertigkeiten, taktische Fähigkeiten und Einsichten voraus und sind daher nur für Fortgeschrittene geeignet.

5. Didaktisch-methodische Vorüberlegungen

An dieser Stelle ist es sicher sinnvoll, den Handball-Lehrgang geschlossen darzustellen, um auch damit den Einsatz der Arbeitskarten zu verdeutlichen. Von dem

Lernmodell

I. Das Vorbereiten und Schaffen von Voraussetzungen	II. Wir erlernen (spielend) das Handballspiel vom Spielen mit vereinfachten Regeln bis zum regelrechten Spiel	III. Wir üben das Spielverhalten
Grunderfahrungen: ABC-Schütze	a) durch vorbereitende Partei- und Mannschaftsspiele Kleine Sportspiele Mini-Handball	a) kleine Mannschafts- und Parteispiele, kleine Sportspiele Mini-Handball
Sammeln von allgemeinen Spielerfahrungen		b) in kleinen personellen Spielgruppen
Das Umgehen mit dem Ball wird erprobt in Wurf- und Fangspielen		c) durch komplexe Aufgaben
Die Gewandtheit wird ausgebildet durch Lauf- und Hindernisstaffeln mit Ball, durch Geschicklichkeits- und Gewandtheitsspiele mit Ball	b) durch entwicklungsgemäßes Lernen von balltechnischen Fertigkeiten und spieltaktischen Verhaltensweisen (Entwicklungsreihe)	d) durch spielnahe komplexe Aufgaben
Natürliches Spielverhalten ist feststellbar in kleinen Parteispielen mit dem Ball	c) durch Erwerb und Verbessern der konditionellen Eigenschaften und koordinativen Fähigkeiten (durch spezifische Aufgaben)	
Erste Spielerfahrungen beweisen wir in komplexen Spielformen zur Erprobung der Ballbehandlung und im Verhalten zum Partner		

Spielniveau der Lern- und Spielgruppe wird abhängen, welche Arbeitskarte wir auf der Grundlage welcher Lernstufe (vorrangig I—IV) und in Beziehung zum Thema einsetzen können.

Wir haben in Veröffentlichungen und in unserer Lehr- und Trainingsarbeit vom Neulernen bis zur Spitzenschulung stets die Forderung einer komplexen Spielvermittlung vertreten, aber auch niemals das isolierte Erlernen und Üben verleugnet, da wir in unseren Lern/Trainingsgruppen nur wenige Teilnehmer haben, die genügend spieltechnische und spieltaktische Spielfähigkeit mitbringen und auf isoliertes Üben verzichten können. Uns sollten vor allem auch die Teilnehmer interessieren, die Lernanstöße benötigen, um spiel- und handlungsfähig zu werden. Nehmen wir uns ein Beispiel an einigen Ostblockstaaten, die weit weniger Talente als wir in der Bundesrepublik haben und seit Jahrzehnten durch fleißige und systematische komplexe Lern- und Trainingsprozesse erstklassige Spitzenspieler formen.

Das Lernen, Üben und Trainieren soll die Spieler in die Lage versetzen,
— grundlegende spieltechnische Fertigkeiten und spieltaktische Fähigkeiten als

---

IV. Wir gestalten das Spiel
  durch spezielle (spezifische) Aufgaben
a) Erreichen einer allgemeinen und spezifischen Kondition — Trainingsmethoden —
b) Verbesserung und Gestaltung des individuellen Spielvermögens durch Entwicklungsreihen
c) Rhythmisierung des Spiels (Musik)
d) Durch Erkennen und Nutzen von Entwicklungsmöglichkeiten des Handballspieles auf der Grundlage der Spielstruktur
  1. von der Bewegung her
  2. von der Balltechnik her
  3. über Spielanalysen
  4. von der Spielfreude her
  5. von der Publikumswirksamkeit her
  6. vom Regelwerk her
  7. vom Verhalten her
e) Mannschaftsverhalten — Abstimmung — Spielkonzeption
f) Spieltaktische Überlegungen

V. Sportspiel als Leistungsform
  Die Anwendung in Spielsituationen
  Gedanken des Lehrers
a) pädagogische und psychologische Überlegungen
b) Führungsstil
c) der Trainingsplan
d) Vorbereitung auf ein Spiel
e) Betreuung der Mannschaft vor dem Spiel — im Spiel — nach dem Spiel
f) Zusammenspiel Lehrer und Spieler
g) Spielkonzeption und Gegner

Torwart, Abwehr- und Angriffsspieler in komplexen Spielhandlungen anzuwenden (psychomotorischer Lernzielbereich),
— Funktionsphasen von Bewegungen und Spielhandlungen zu erkennen, zu analysieren und bewußt im Lernprozeß zu berücksichtigen,
— das Regelwerk zu interpretieren und als Schiedsrichter und Spieler zu aktualisieren,
— bei der Entwicklung des Eigenschaftsniveaus und der Trainingsplanung für die Rundenspiele mitzuwirken und die Vorbereitung auf ein Wettspiel, u. a. die Einstellung auf die gegnerische Mannschaft auf Grund vorheriger Wettspielbeobachtung zu sichern (kognitiver Lernzielbereich),
— durch entwickelte Spielfähigkeit am Sportspiel Handball teilnehmen zu können, erlebnisorientierte Erfahrungen zu sammeln, Spielfreude zu entwickeln und sich mit Partner und Gegenspieler auseinanderzusetzen (sozial-affektiver Lernzielbereich).

Dabei sprechen wir von der komplexen Methode, die dem ganzheitlich-analytischen Vermittlungsmodell gleichkommt, dem Prinzip der Spielgemäßheit entspricht und sich als eine gewachsene und nicht konstruierte Kombination zwischen der Ganzheitsmethode und der Teilmethode versteht.

Wir sind der Überzeugung, daß ein Spiel-Lehrgang die Elemente des Spielens und die Elemente des Übens gleichrangig nebeneinander umfassen muß. Für diese Auffassung sprechen folgende Gründe:
— Ein Zusammenspiel zwischen mehreren Partnern erscheint nur dann möglich, wenn die wichtigsten Elemente dieses Zusammenspielens wie Passen, Ballannahme, Ballführung, Torwurf, von den Mitspielern wenigstens in Grobform beherrscht werden. Das ausschließliche Erlernen dieser Fertigkeiten in komplexen Spielen oder Spielsituationen ist wegen der zu geringen Wiederholungsmöglichkeit, der fehlenden Konzentration auf den direkten Lerngegenstand und der störenden Einwirkung des Gegners wenig effektiv. Und gerade spielschwächere Schüler benötigen die Zeit, um in Ruhe und isoliert vom komplexen Spiel Elemente des Handballspiels erlernen zu können.
— Umgekehrt darf das Üben von Fertigkeiten nicht zu lange isoliert erfolgen, also ohne Partnerbezug und ohne Einbindung in den Spielgedanken bzw. ohne Verknüpfung der einzelnen Elemente zu komplexeren Spielhandlungen. Es ist vielmehr zu einem frühen Zeitpunkt darauf zu achten, daß die einzelnen technischen Fertigkeiten zunächst in spielerische Übungsaufgaben, Spielaufgaben und komplexe Aufgaben eingebracht werden.

Wir sind nicht der Meinung, daß freudvolle Spiel- und Übungsaufgaben nur dann verwendet werden können, wenn sie den Sinn des Zielspiels erkennen lassen. Sehr viel halten wir von der Forderung, sportspielübergreifende Strukturen im Spiellehrgang zu berücksichtigen, um auch Einflüsse anderer Spiel- und Sportformen für die Entwicklung des Handballspieles nutzen zu können.

Auf der Basis dieser Überlegungen geben wir dem Praktiker folgende Empfehlungen zur Einführung des Handballspiels:

Wenn die Schüler bereits hinreichend gut mit Bällen umgehen gelernt haben, kann der Lehrer/Trainer den Handball-Lehrgang mit einem Spiel der von uns vorgeschlagenen Spielreihe beginnen. Beim Durchspielen der einzelnen Spiele der Spielreihe werden Lehrer und Schüler jedoch bald feststellen, daß es an bestimmten technischen Fertigkeiten und taktischen Fähigkeiten mangelt. Diese Einsicht wird dazu führen, daß neben dem Spielen eine Vervollkommnung dieser Elemente angestrebt wird.

Wenn die Schüler zu Beginn des Spiel-Lehrgangs noch nicht hinreichend mit Bällen umgehen können, ist es zu empfehlen, mit dem Erlernen technischer Elemente zu beginnen.

Bei der technischen Grundschulung empfehlen wir, mit der Ballführung, dem Passen und der Ballannahme zu beginnen und auch den Torwurf mit einzubeziehen, zumal die Grundfertigkeiten auch in nicht handballspezifischen kleinen Spielen vorkommen und damit auf Handlungen im Zielspiel Handball vorbereiten. Sobald ein technisches Element vom Großteil der Schüler in Grobform beherrscht wird bzw. verschiedene Elemente als Bewegungskombinationen in Grobform verbunden werden können, sollten die zugehörigen spielerischen Übungs- und Wettspielaufgaben und das entsprechende Spiel der Spielreihe Anwendung finden. Spezielle Aufgaben zur Entwicklung konditioneller Fähigkeiten sind vor allem für fortgeschrittene Spieler gedacht.

6. Einsatz

Die Arbeitskarten können eingesetzt werden:
— Als Anschauungsmittel zur Verdeutlichung technischer und taktischer Elemente des Handballspiels; vorherrschende Unterrichtsform ist in diesem Fall der Frontalunterricht;
— als Aufgabenblätter und Organisationshilfen zur Ökonomisierung des Circuittrainings, des Stationstrainings, des Mannschaftstrainings mit Zusatzaufgaben und zur Verbesserung selbständigen und kooperativen Übens und Trainierens in gruppenunterrichtlichen Lehrverfahren;
— als methodische Reihe und Übungssammlung für den Sportlehrer/Trainer, der Zeit aufwendet, um sich aus Büchern ein Übungsrepertoire zusammenzustellen.

6.1 Einsatz als Anschauungsmittel

Als Anschauungsmittel zur Verdeutlichung technischer Elemente des Handballspiels eignen sich vor allem die Karten der Gruppe 1 „Techniken". Hier sind die wichtigsten Phasen der einzelnen Bewegungsabläufe zeichnerisch und verbal festgehalten. Sie unterstützen die Demonstration des Lehrers/Trainers/Spielers und helfen, da sie jederzeit reproduzierbare Informationen liefern, ein rasches Vergessen zu verhindern. Der Wert der Arbeitskarten als Anschauungsmittel wird erhöht, wenn der Sportlehrer/Trainer die betreffende Karte auf Folie kopiert und mit einem Overheadprojektor an eine Leinwand projiziert.

Aus den Karten der Gruppe 1 sind außerdem leicht **Lehrposter** anzufertigen. Sie liefern — wie die Tageslichtprojektionen — ständig präsente Informationen für die ganze Gruppe und sind daher auch für jede Form von Unterricht wertvoll.

6.2 Einsatz als Aufgabenblätter und Organisationshilfen

Ein moderner Unterricht im Handball ist ohne gruppenunterrichtliche Lehrverfahren und ohne Zusatzaufgaben im Mannschaftstraining kaum denkbar. Nur mit ihrer Hilfe ist es leicht möglich zu differenzieren und

- die unterschiedliche Leistungsfähigkeit der einzelnen Schüler zu berücksichtigen,
- den verschiedenen Aufgaben der Spieler Rechnung zu tragen,
- die Schüler zu selbständigem und kooperativem Üben und Trainieren anzuleiten,
- die Schüler/Spieler mit dem Lösen von intuitiven und intentionalen Spielhandlungen zu konfrontieren,
- ein sinnvolles Verhältnis zwischen kommunitiven und motorischen Trainingsanteilen zu berücksichtigen,
- den Schülern/Spielern offene Lern- und Spielsituationen anzubieten, um sie zu kreativem Handeln zu ermuntern und somit ihre individuelle Spielfähigkeit anzuregen,
- die Schüler durch Spaß am Spiel zu lebenslangem Sporttreiben vorzubereiten.

Die Organisation von Gruppenunterricht und Zusatzaufgaben ist aber ohne schriftlich oder zeichnerisch fixierte Übungsanweisungen schlecht möglich, da die Spieler wichtige Details von lediglich verbal gegebenen Bewegungsanweisungen rasch wieder vergessen.

Im **Gruppenunterricht** verfährt der Lehrer/Trainer am besten so, daß er an verschiedenen Stationen eine oder mehrere Karten eines Themenbereichs auslegt und die Spieler auffordert, die betreffende Bewegungsform innerhalb einer festgelegten Zeit auszuführen. Bei der Auswahl und der Dosierung der Aufgaben muß der Trainer die unterschiedlichen Fähigkeiten der Schüler berücksichtigen.

Zusatzaufgaben werden vor allem dort zu stellen sein, wo im Sport vorwiegend gespielt wird, die Spielfläche aber so klein ist, daß viele Spieler lange Zeit zuschauen müssen. Es ist ferner möglich, mit Hilfe von Zusatzaufgaben spielschwache Schüler an das durchschnittliche Spielniveau der Gruppe heranzuführen.

Beim **Circuittraining** wählt der Sportlehrer/Trainer die für die jeweilige Adressatengruppe angemessenen Aufgaben aus, legt diese, deutlich sichtbar, auf dem Boden aus oder hängt sie an die Wand und führt mit dieser Gruppe dann das Circuittraining durch. Handelt es sich um eine leistungsinhomogene Gruppe, können auch mehrere Rundgänge nebeneinander angeboten werden.

6.3 Einsatz als Übungssammlung für den Sportlehrer

Natürlich kann der Sportlehrer/Trainer die Arbeitskarten auch zu seiner persönlichen Unterrichtsvorbereitung nutzen. Er sortiert dazu diejenigen Vorlagen aus, die zu seinem Stundenthema passen, ordnet sie und nimmt sie mit in den Unterricht. Dieses Verfahren mag dem professionellen Sportlehrer möglicherweise etwas einfallslos erscheinen, es ist aber für denjenigen, der mit der Sportart nicht voll vertraut ist, eine praktikable Gedächtnisstütze. Allerdings ist es dem Übungsleiter auch in diesem Falle nicht erlassen, sich didaktisch-methodische Gedanken u. a. über die Dosierung der Aufgaben zu machen.

7. Grundsätze zur Unterrichts- und Trainingsplanung

Dem Sportlehrer/Trainer kommt beim Umgang mit den Arbeitskarten die wichtige Aufgabe zu, die Intensität der einzelnen Bewegungsaufgaben festzulegen.
Er berücksichtigt dabei
Analyse der Lern-/Spielgruppe:
— Alter, Geschlecht, körperliche Entwicklung
— motorische Leistungsfähigkeit, allgemeine und spezielle Spielfähigkeit,
— Leistungsbereitschaft, Leistungsfähigkeit,
— die Zusammensetzung der Gruppe, Einstellung der Spieler zur Lerngruppe, auffallende Verhaltensweisen, über das Verhältnis vom Lehrer/Trainer zur Lerngruppe.
Entscheidungen zur Zielprojektion:
— Intention, Lehr- und Trainingseinheiten, Thema der einzelnen Zeiteinheit, Lernziel
Didaktisch-methodische Entscheidungen:
— Begründung der Ziele und Inhalte
— Analyse des Lerngegenstandes
— Zum methodischen Vorgehen
— Zur Unterrichts-/Trainingsorganisation
— Zur Wahl der Medien und Arbeitsmittel
Zum Verlauf der Trainingszeiteinheit:
— Aufgaben
— Methodische Hinweise und Organisation (Zeitangaben)
— Didaktischer Kommentar
Unterrichts-/Trainingsanalyse:
— Nachbereitung des Trainings unter Berücksichtigung der angegebenen Strukturpunkte
Analyse der Trainings- und Wettspiele
Diese Überlegungen bestimmen die Auswahl der Übungs- und Spielaufgaben, die Anzahl der Wiederholungen, die Übungsdauer und die Pausenlänge. Nachstehende Faustregeln können helfen, die Entscheidung des Lehrers/Trainers zu erleichtern. Fundiertere Kenntnisse müssen der Literatur zur Trainings- und Bewegungslehre entnommen werden:
  1. Eine spezielle Technik-, Taktik- und Konditionsschulung ist nur auf der Grundlage einer guten allgemeinen Kondition sinnvoll.

2. Bei der Festlegung der Belastbarkeit des einzelnen Spielers muß auch sein Trainingsalter berücksichtigt werden.
Spieler, die schon länger trainieren, sind meist belastbarer als Anfänger.
3. Techniknahes Schnelligkeitstraining sollte erst durchgeführt werden, wenn die Sportler die auszuführenden Bewegungsaufgaben in langsamem Tempo sicher beherrschen.
4. Wenn die Schnelligkeit techniknah geschult werden soll, sollte die Laufstrecke nicht länger als 25 m sein und die Wiederholungszahl 6 nicht überschreiten.
5. Beim techniknahen Training des Stehvermögens (Schnelligkeitsausdauer, Sauerstoffmangelausdauer, allgemeine anaerobe Ausdauer) muß der Lehrer/Trainer streng darauf achten, daß die zugrundeliegende Bewegungsaufgabe in langsamem Tempo sicher gekonnt wird. Trifft dies zu, so muß die Übungsintensität so gewählt werden, daß der Spieler während des Übens mindestens Puls 160 erreicht. Die Übungsdauer wird, je nach Anforderung der einzelnen Bewegungen, zwischen 30 Sekunden und 3 Minuten liegen.
6. Eine techniknahe Schnellkraft- und Kraftausdauerschulung wird am besten mit leichten bis mittelschweren Medizinbällen ausgeführt. Auch bei der Dosierung von Übungen dieser Art muß natürlich das Ausgangsniveau der Spieler berücksichtigt werden. Ein Üben in 10er-Serien erscheint hier empfehlenswert.
7. Für das Training der allgemeinen aeroben Ausdauer (Sauerstoffausdauer) haben wir in der vorliegenden Mappe keine gesonderten Aufgaben ausgewiesen.
Diese motorische Grundeigenschaft wird am besten ohne Ball in Form von lockeren Runden oder Waldläufen von mehreren Kilometern Länge geschult. Aber auch bei Technik- oder Taktikaufgaben in ruhigem Tempo, wie sie beim Einspielen üblich sind, bewegt sich der Organismus im aeroben Leistungsbereich.
8. Besondere Aufgaben zur Verbesserung der Gelenkigkeit haben wir in dieser Mappe ebensowenig aufgenommen wie Aufgaben zur allgemeinen aeroben Ausdauerentwicklung. Das bedeutet nicht, daß sie für den Handballspieler unwichtig sind, sondern lediglich, daß wir der Überzeugung sind, daß das in unseren Mappen zur allgemeinen Konditionsschulung angegebene Übungsgut ausreichend ist, um dem Handballspieler diese motorische Grundeigenschaft zu vermitteln. Wir empfehlen, bei der Dosierung der Aufgaben zur Gelenkigkeitsentwicklung die dort angegebenen Grundsätze zu beachten.
9. Zur Gewandtheits-, Technik- und Taktikschulung des Handballspielers reichen dagegen die Aufgaben allgemeiner Art nicht aus. Er braucht in erster Linie Gewandtheit und Geschicklichkeit beim Umgang mit dem Ball, die nur im Umgang mit diesem Gerät zu erwerben sind. Bei der Wahl von Aufgaben dieser Art muß bedacht werden, daß sie Anfängern nur gelingen können, wenn der Organismus ausgeruht ist. Man wird spezielle, technikverbessernde

Aufgaben daher vor allem in der ersten Hälfte des Trainings/Unterrichts üben lassen. Erst vom fortgeschrittenen Spieler kann verlangt werden, solche Bewegungsformen auch dann noch aktionsschnell und präzise auszuführen, wenn er müde ist, also am Ende einer Sportstunde oder nach Kraft- und Ausdauerbelastungen. Es empfiehlt sich, zur Dosierung von gewandtheits-, technik- und taktikschulenden Aufgaben folgende Richtwerte zu beachten:

— Anfänger und Kinder: je nach Bewegungsform 20 bis 30 Wiederholungen bzw. 2 bis 3 Minuten pro Aufgabe;
— Fortgeschrittene, Jugendliche und Erwachsene: je nach Bewegungsform 20 bis 100 Wiederholungen bzw. 2 bis 20 Minuten pro Aufgabe.

10. Technische Fertigkeiten werden rascher gelernt, wenn sich der Lehrer/Trainer darum bemüht, gutes Anschauungsmaterial bereitzustellen. Das Bewegungsvorbild durch Trainer oder Spieler reicht zur Vermittlung von Anschauung meist nicht aus, da die Bewegungen im allgemeinen zu rasch ablaufen. Gute Standbilder, in denen die wichtigsten Phasen von Bewegungs- und Spielhandlungen deutlich demonstriert werden, sind von großer Wirksamkeit beim Aufbau von Bewegungsvorstellungen auch als Ergänzung zur Demonstration.

11. Das Üben und Trainieren konditioneller, technischer und taktischer Elemente darf nicht dazu führen, daß das Spiel vernachlässigt wird.

8. Organisationsbeispiele

8.1 Circuit- oder Zirkeltraining

Vorbemerkungen:
Um ein Circuittraining über längere Zeit abwechslungsreich gestalten zu können, reichen die Karten der vorliegenden Mappe nicht aus, da sie vor allem für den Einsatz im Stationstraining konzipiert wurden. Geeignete Circuitaufgaben zeigen u. a. die Karten 33, 36—43, 49—54, 113—124.
Wir empfehlen daher dem Lehrer/Trainer, der das Circuittraining im Rahmen einer konditionellen Grundschulung einsetzt, sich unsere „Arbeitskarten zur Konditionsschulung" (Bände 79, 85 und 180 dieser Reihe) anzuschaffen.

Ziele:
Im Rahmen des Circuittrainings werden vor allem die konditionellen Fähigkeiten Kraft, Ausdauer, Schnelligkeit und die koordinativen Fähigkeiten Gewandtheit und Geschicklichkeit verbessert.

Räumliche und personelle Voraussetzungen
Das Circuittraining kann sowohl in der Halle als auch im Freien durchgeführt werden. Neben Aufgaben mit Geräten eignen sich auch Aufgaben ohne Geräte und Partnerübungen zur Organisation dieser wichtigen Unterrichtsform.
Lebensalter, Trainingszustand und Anzahl der Spieler beeinflussen nicht die

grundsätzliche Durchführbarkeit des Circuittrainings. Diese Faktoren müssen lediglich bei der Auswahl und der Dosierung der Aufgaben berücksichtigt werden.

Raumordnung für das Circuittraining

Bei homogenen Gruppen genügt es, einen einfachen Circuit auf 6—10 Stationen anzubieten (Abb. 1).

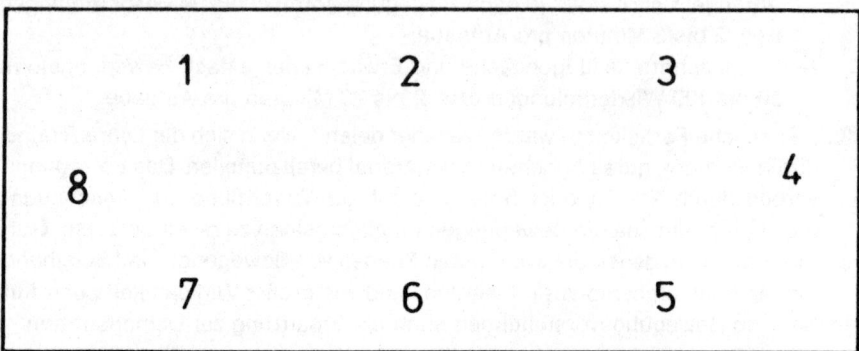

Abb. 1

Bei Sportlern mit sehr unterschiedlicher Leistungsfähigkeit kann das Circuittraining als Doppelzirkel durchgeführt werden (Abb. 2).

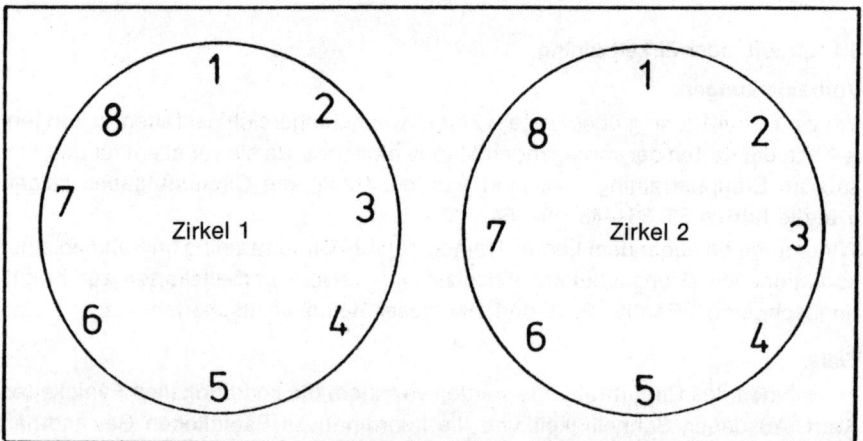

Abb. 2

Im Zirkel 1 üben z. B. die weniger leistungsstarken Spieler, in Zirkel 2 die besseren (Abb. 2).
Im Rahmen des Gassentrainings läßt sich noch exakter differenzieren. Hier können z. B. auch für bestimmte Spielergruppen spezielle Trainingsschwerpunkte gesetzt werden (Abb. 3):

Gasse:	1	2	3	4	5	6
Gasse:	1	2	3	4	5	6
Gasse:	1	2	3	4	5	6
Gasse:	1	2	3	4	5	6

Abb. 3

Gasse 1: Vorwiegend Ausdauerschulung,
Gasse 2: Vorwiegend Kraftschulung,
Gasse 3: Vorwiegend Gelenkigkeitsschulung,
Gasse 4: Vorwiegend Gewandtheitsschulung.

Dosierung

Maßgebend für den Übungszweck, den man mit einem Rundgang oder einer Gasse erreicht, ist neben der Übungsauswahl vor allem die Übungsdauer und die Pausenlänge.

Anaerobe Ausdauer- und Kraftausdauerschulung:
Übungsdauer pro Station ca. 30 Sekunden. Die Pulsschlagzahl soll nach jeder Aufgabe zwischen 150 und 180 liegen.
Die neue Belastung soll beginnen, wenn die Herzschlagzahl unter 140 absinkt (Stichprobenkontrolle!).

Schnellkraft- oder Grundkraftschulung:
Die Belastung soll so gewählt werden, daß der Spieler im Verlauf der Übungszeit ca. 10 Wiederholungen ausführen kann. Dabei kann die Herzfrequenz kurzfristig Werte von 180—190 Schlägen erreichen. Die Pausen sind so lang zu wählen, daß der Puls nach jeder kreislaufbelastenden Bewegung unter 100 absinkt. Das erreicht man am besten dadurch, daß nach jeder Kraftübung eine Aufgabe zur Lockerung der Muskulatur in den Rundgang eingebaut wird.

Gelenkigkeitsschulung (Flexibilität):
Hier muß darauf geachtet werden, daß die Spieler pro Aufgabe mindestens 10, besser 20 oder 30 Wiederholungen ausführen können und daß gewährleistet ist, daß sich die Übenden dabei möglichst anstrengen. Der Belastungspuls spielt hier keine besondere Rolle. Die Pausen können kurz sein (15 bis 20 Sekunden).

Gewandtheitsschulung:
Bei Aufgaben zur Verbesserung der Gewandtheit sind längere Pausen zwischen

den verschiedenen Bewegungsformen zu bevorzugen (30 bis 90 Sekunden). Die Pulsschlagzahl braucht in der Belastungsphase 130 nicht zu übersteigen und soll bei Neubeginn des Übens auf ca. 100 abgesunken sein.

8.2 Stationstraining

Vorbemerkungen:

Die Arbeitskarten dieser Mappe sind in erster Linie für den Einsatz im Stationstraining konstruiert worden.

In dieser Organisationsform ist am ehesten jene Kombination zwischen Technik- und Konditionsschulung möglich, wie sie für das Spezialtraining des Handballspielers erforderlich ist.

Ziele:

Im Rahmen des Stationstrainings sollen spezielle konditionelle Fähigkeiten sowie technische Fertigkeiten und taktische Fähigkeiten des Handballspielers geschult werden.

Diese Organisationsform läßt es durch Verwenden anschaulicher Arbeitsmittel für die Hand des Schülers/Spielers zu, auf die besonderen Bedürfnisse und Schwächen einzelner Spieler oder Gruppen einzugehen. Ein Gruppentraining ohne Arbeitsmittel vergeudet im allgemeinen Gedächtnisleistung der Spieler, die sie lieber für spieltaktische Handlungen mit Partner verwenden sollten.

Räumliche und personelle Voraussetzungen:

Ähnlich wie beim Circuittraining muß natürlich auch bei dieser Organisationsform darauf geachtet werden, daß Übungsauswahl und Belastung dem Könnens- und Trainingsstand der Spieler angepaßt sind.

Raumordnung für das Stationstraining (Abb. 4):

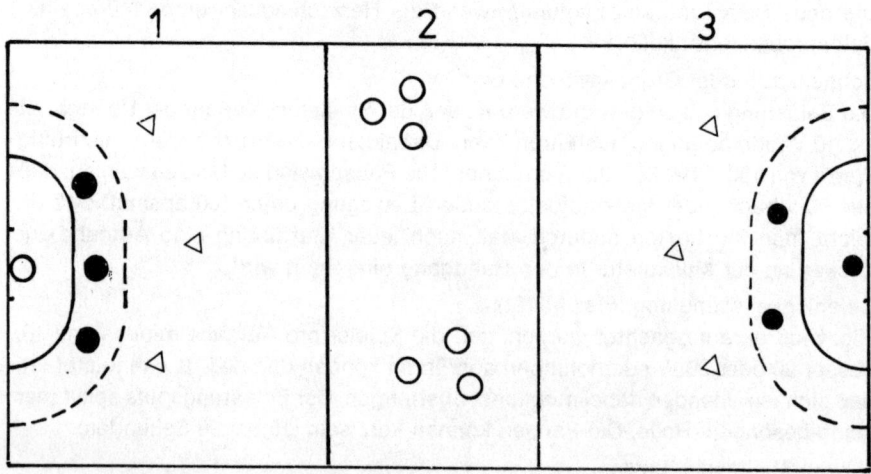

Abb. 4

An jeder Station liegen ca. 3 Arbeitskarten aus. Die dort verzeichneten Aufgaben sollen innerhalb von 15 Minuten in der im einzelnen vorgeschriebenen Dosierung ausgeführt werden. Nach Ablauf dieser Zeit kann gewechselt werden.
An Station 1 werden z. B. Aufgaben zur Verbesserung des gruppentaktischen Abwehr- und Angriffsverhaltens ausgeführt (z. B. Karten 33, 38, 124, 126).
An Station 2 üben die Spieler das Dribbeln (z. B. Karten 148, 160, 184).
An Station 3 trainieren die Spieler das Angriffsverhalten (z. B. Karten 130, 135, 178).

Dosierung:
Im Rahmen des Stationstrainings wird der Sportlehrer/Trainer im allgemeinen 1 bis 4 Aufgaben pro Station anbieten.

Je nach Trainingsabsicht und Zusammensetzung der Gruppen können sich die Spieler einzelne Aufgaben zum Üben auswählen oder alle Aufgaben nacheinander durchführen und erst dann zur nächsten Station wechseln. Die Anzahl der auszuführenden Aufgaben bestimmt natürlich auch die Verweildauer an den Stationen.

Bei Kindern ist es allerdings selten zweckmäßig, wenn länger als 8 Minuten an einer Station geübt wird; bei Jugendlichen und Erwachsenen kann die Übungsdauer pro Station bis zu 30 Minuten ausgedehnt werden.

Je älter und leistungsfähiger die Spieler sind, desto größer wird die Bedeutung einer ausgewogenen Dosierung der einzelnen Bewegungsaufgaben; dies um so mehr, als es oft lediglich von ihr abhängt, welcher Zweck durch eine Aufgabe erreicht wird.

So können alle Schnelligkeitsaufgaben zu Schnelligkeitsausdaueraufgaben werden, wenn man sie oft und mit relativ kurzen Pausen durchführt.

9. Stundenbeispiele

Beispiel 1:
Einsatz von Arbeitskarten in einem vorwiegend technisch orientierten *Stationstraining*

Vorbemerkungen zum erwarteten Bedingungsfeld
Die Unterrichtsstunde findet koedukativ mit 32 Mädchen und Jungen einer 6. Jahrgangsklasse statt.

Die motorische Leistungsfähigkeit der Jungen und Mädchen ist der Entwicklungssituation entsprechend gut, wobei vor allem die ausgeglichene allgemeine Spielfähigkeit der Jungen und Mädchen auffällt, da die Lerngruppe durch den Lehrer eine systematische Spielschulung erfahren hat. Die allgemeinen konditionellen Fähigkeiten wurden im Unterricht ausgebildet.

Die Schüler wurden durch den Lehrer bewußt zum kommunikativen Handeln angehalten, was sich positiv beim gemeinsamen Spiel und auch beim selbständigen Üben beim Stationstraining zeigt. Sie haben auch schon das Prinzip der Arbeitskarten kennengelernt, da es schon mehrmals im Unterricht eingesetzt wurde. Die Idee des Handballspiels ist den Schülern bekannt, verschiedene strukturübergreifende und dem Prinzip des Handballspieles folgende Spiele wurden in der Vergangenheit gespielt. Das positive Verhältnis der Schüler untereinander drückt sich auch im Verhältnis zwischen dem Lehrer und den Schülern aus. Die zur Verfügung stehende Halle von 18 × 33 m ist geeignet, um an 4 Stationen zu üben. (Diese Grobhinweise zum Bedingungsfeld sind für die konkrete Unterrichtssituation der Lernsituation anzupassen, zu ergänzen und zu erweitern.)

Intention:

Entwicklung der Fähigkeit, selbständig unter Verwendung von Arbeitskarten partnerbezogen zu üben

Lehrereinheit:

Grundfertigkeiten des Prellens, Passens, Werfens und das Annehmen des Balles (Regel 7 der internationalen Handballregel)

Thema:

Qualitatives Üben von Ball-Annahmen, Ball-Prellen, Passen und Werfen in der Bewegung und mit Partnerbezug.

1. Teilthema:
Jägerball zum Entwickeln von Spielfreude unter einfachen Anwendungsbedingungen

2. Teilthema:
Üben der Fertigkeiten im Stationstraining

3. Teilthema:
„Ball zum König" zum Anwenden der geübten technischen Fertigkeiten

Lernziele:

Die Spieler sollen in der Lage sein,
— beim Jägerball Erfahrungen im Zusammenspiel mit den Partnern zu sammeln und dabei die Dreischritt-Regel zu beachten,
— das Annehmen und Zuspielen des Balles mit Partnerbezug in der Bewegung zu üben und dabei bewegliche Beinarbeit, weiches Annehmen des Balles und genaues Zuspiel zu beachten.

Begründung der Zielentscheidung:

Beim Spielen zeigt sich, daß die Grundfertigkeiten nicht so automatisiert sind, daß sie bei den Schülern Spielfähigkeit gewährleisten. Darum ist es vor allem für spielschwache Schüler notwendig, die grundlegenden Fertigkeiten isoliert zu üben, während die spielsicheren Schüler angeregt werden, individuelle Ausprägungsformen zu entwickeln. Die Fähigkeit, mitspielen zu können, muß ein vorrangiges Ziel des Unterrichts sein und hängt einmal von der Sicherheit ab, mit dem Ball umzugehen, von der Gewandtheit beim Umgang mit Partner und Ball von der Geschicklichkeit, spielspezifische Aufgaben situationsgerecht zu bewältigen.

Das Spiel Jägerball verweist auf die Notwendigkeit, daß in eine Spielreihe mit handballähnlichen Spielen auch eine „Parallelstraße" gehört, in der Spiele mit sportübergreifenden Strukturen angeboten werden und zur variablen allgemeinen Spielfähigkeit beiträgt.

Zum methodischen Vorgehen:

Da die Schüler den Neulernprozeß erfolgreich bewältigt, sollen sie nun die gelernten Techniken in Aufgaben unter verschiedenen Bedingungen lösen, um Bewegungssicherheit zu finden, die Bewegungsvorstellung zu präzisieren und Bewegungsgenauigkeit zu entwickeln. Dabei sollen sie selbständig mit Partnerbezug üben, während sich der Lehrer/Trainer vorrangig auf Bewegungskorrekturen beschränkt.

Zur Unterrichts-/Trainingsorganisation:

Mannschaftsspiel
Stationstraining an 4 Stationen unter Benutzung von Arbeitskarten

Medien/Arbeitsmittel:

Arbeitskarten Nr. 51, 63, 79, 172, 173
ausreichendes und verschiedenartiges Ballmaterial

Geplanter Stundenverlauf:

Aufgabe: = A
Methodische Hinweise: = H
Didaktischer Kommentar: = K

A: Wir spielen Jägerball.

H: In den beiden Hallenhälften spielen zwei Mannschaften gegeneinander, so daß alle Schüler beteiligt sind.
Spielzeit: ca. 10 min.

K: Sammeln von Bewegungs- und Spielerfahrungen
Entwicklungen und Erhalten von Spielfreude

A: Wir üben an 4 Stationen das sichere Annehmen des Balles, das Zuspielen (Passen) und versuchen Torwürfe.
1. Station: Passen und Annehmen des Balles am Ort mit beweglicher Beinarbeit. Schüler bewegen sich am Ort mit und ohne Ball (Karte 51).
2. Station: Passen und Annehmen des Balles in der Bewegung (Karte 63).
3. Station: Zuspiel in der Bewegung mit anschließendem Schlagwurf als Torwurf (Karte 79).
4. Station: Kombinationsball (Karte 172).

H: An jeder Station üben 8 Schüler und lösen die gestellten Aufgaben, die durch

Arbeitskarten verdeutlicht werden und zur Auseinandersetzung herausfordern. Die Aufgaben geben nur den Rahmen an und sollen von den Schülern individuell gestaltet werden, z. B.:
— Art des Zuspiels
— Ausnutzung von Schritt- und Bewegungskombinationen
— Zwischenzeitlich kann der Ball auf Hinweis mit dem Fuß gespielt werden (1—2 min).
— Übungszeit je Station ca. 8 min, so daß jede Gruppe in dieser Trainingseinheit an zwei Stationen üben kann. Es bietet sich an, die Stationen 1/4 und 2/3 zu kombinieren.

K: Entwicklung von Ballsicherheit durch Schulung von handballspezifischen Grundtechniken.

A: Wir spielen „Ball zum König" (Karte 173).

H: Das Spiel ist bekannt und erfordert keine besonderen methodischen und organischen Maßnahmen.

K: Anwendung geübter Fertigkeiten in einem komplexen Spiel.

Beispiel 2:
Einsatz von Arbeitskarten in einem konditionsorientierten *Circuittraining*.

Vorbemerkungen zum erwarteten Bedingungsfeld
Die Einzelstunde ist für eine 8. Jahrgangsklasse mit 32 Jungen geplant worden. Die Schüler haben Interesse am Handballspiel, was sie in vergangenen Unterrichtsvorhaben bewiesen haben. 8 Schüler spielen in einem Verein Handball und können gut als Mannschaftsführer und zum Steuern von Übungs- und Spielabläufen eingesetzt werden. Das motorische Leistungsniveau entspricht der Jahrgangsstufe, die Spielfähigkeit ist vorhanden, da bei sämtlichen Schülern die Grundfertigkeiten in der Grobform beherrscht werden.
Es steht eine 12 x 24 m große Halle zur Verfügung.

Intention:
Entwicklung spezieller konditioneller Fähigkeiten als Grundlage der speziellen Spielfähigkeit im Handball
Lehreinheit/Trainingseinheit : Kraft/Schnelligkeit/Ausdauer

Thema:
Trainieren spezieller konditioneller Fähigkeiten
   1. Teilthema:
   Selbständige Vorbereitung auf die Trainingsstunde in bezug zum Hauptthema
   2. Teilthema:
   Circuitrundgang mit dem Schwerpunkt der Entwicklung spezieller konditioneller Fähigkeiten

Lernziele:
Schüler sollen in der Lage sein,
— die Vorbereitung auf Training und Wettspiel selbst durchzuführen,
— mit konditioneller Zielsetzung Aufgaben zu lösen und bei der Verwendung techniknaher Aufgaben die qualitativen Bewegungsmerkmale bewußt zu beachten, z. B. beim Schlagwurf (Karte 3/4):
— Stemmstellung
— Ausholbewegung
— Arm- und Körpereinsatz
— Handführung

Begründung der Zielentscheidung:
Aus der Trainings- und Wettspielgestaltung ist uns die Bedeutung des Warmmachens auf eine intensive Aktivität bekannt. Aus der Sicht der Individualisierung des Trainings bietet sich in diesem Trainingsabschnitt die Chance, diesen Abschnitt eigenständig durchzuführen. Dies sollte allerdings nicht zur Beschäftigungstherapie ausarten, sondern der Lehrer/Trainer sollte die notwendigen Inhalte mit den Schülern in früheren Unterrichtsstunden erarbeitet haben.
Circuitrundgänge sind unter Berücksichtigung der Gruppenarbeit und durch vielschichtige Belastungsmöglichkeiten gut geeignet, um die Entwicklung des Konditionsniveaus zu unterstützen. **Technik und Taktik kommen im Spiel nur optimal zur Geltung, wenn die konditionellen Fähigkeiten entwickelt sind.**

Zum methodischen Vorgehen:
Die Bildung der Übungsgruppen an den einzelnen Stationen wird frei vorgenommen in der Erwartung, daß heterogene Gruppenbildungen häufig intensiver zu arbeiten in der Lage sind als homogene Gruppen.

Medien/Arbeitsmittel:
Hand- und Medizinbälle
Arbeitskarten Nr.: 49, 37, 38, 41, 121, 117, 127, 3, 4.
Kartensatz Allgemeine Konditionsschulung: 10, 11, 12, 14, 15 der Mappe 1, Teil 2.

Unterrichts-/Trainingsorganisation:
Einzel- und Partnerarbeit:
Die Schüler üben paarweise und zählen selbständig die Wiederholung. Die Übungszeit beträgt 60 sec, nach zwei Durchgängen an der Station mit jeweils 30 sec Pause erfolgt Stationswechsel.

Gruppenarbeit an 8 Stationen

Geplanter Unterrichtsverlauf:
A: 1. Station: Schlagwurf an die Wand auf ein markiertes Ziel (Karte 49)

H: Lehrer/Trainer sagt an, wie groß der Abstand zur Wand gewählt werden soll:
— Abstand 3 m — mit direkter Ballannahme
— Abstand 10 m — mit Zwischentippen des Balles vor der Ballannahme (Treffer zählt 1 Pkt.).

K: Automatisieren der Wurftechnik: Da es nicht auf eine Vielzahl von Würfen ankommt, werden die Spieler angehalten, die Zeit nach dem Wurf zur Konzentration zu nutzen. Bewegungsgenauigkeit ist das Ziel!

A: 2. Station: Slalomprellen um 4 Malstangen (Karte 37).

H: Abstand der Stangen 3 m, jeder Durchgang zählt 4 Punkte.

K: Verbessern der Ballführung und Förderung der Gewandtheit.

A: 3. Station: Medizinballprellen im Liegestütz (Karte 38).

H: Jeder Ballkontakt zählt einen halben Punkt.

K: Förderung der Rumpfkraft und Gewandtheit.

A: 4. Station: Überspringen von ca. 40 cm hohen Hindernissen mit ständigem Prellen des Balles (Karte 41).

H: Ein Durchgang zählt 4 Punkte.

K: Entwicklung der Sprungkraft und Automatisieren der Ballführung.

A: 5. Station: Wir werfen mit dem Medizinball aus der Rückenlage an die Wand (Karte 121).

H: Als Abstand wählen wir 2 — 3 m je nach der Fähigkeit der Schüler. Jeder Wurf zählt einen Punkt.

K: Kräftigung der Bauch- und Schultermuskulatur.

A: 6. Station: Wir werfen mit dem Medizinball aus der Bauchlage an die Wand (Karte 117).

H: Als Abstand wählen wir 1 m, jeder Wurf zählt einen Punkt.

A: 7. Station: Wir sprinten mit Ballprellen über 10 m (Karte 127).

H: Jeder Lauf zählt einen Punkt.

K: Entwicklung von Schnelligkeit mit Ballführung.

A: 8. Station: Wir führen gymnastische Aufgaben aus.

H: Gruppenmitglieder üben gemeinsam.

K: Aufgaben zur Entwicklung allgemeiner Kondition.

Gemeinsame Gruppenaufgaben:

A: Wir laufen und richten uns nach vorgegebener Musik.

H: Der Lehrer stellt verschieden Laufaufgaben. Sämtliche Teilnehmer der Gruppe bewegen sich frei im Raum.
Musik: „Red River Rock" aus „Golden Hits of Johnny & the Hurricanes".

K: Rhythmisches Laufen nach Musik zur Entspannung und Lösung der Muskulatur.

Beispiel 3:
Einsatz von Arbeitskarten als *Zusatzaufgaben beim Mannschaftstraining*

Vorbemerkungen zum erwarteten Bedingungsfeld:
Der Unterricht findet in einer 9. Jungenklasse statt, die aus 28 Schülern besteht. Die Jungen wurden von der Lehrkraft erst kürzlich übernommen und haben bisher eine relativ schlechte Sportförderung erfahren, so daß sie schwer zu motivieren sind. Am ehesten gelingt dies durch Mannschaftsspiele.
Von der Konstitution her sind die Schüler kräftig, haben aber konditionelle Schwächen, z. B. in der Ausdauerfähigkeit und beim Kombinieren von Bewegungsabläufen, z. B. Laufen – Prellen – Werfen; Sprinten und Annehmen eines Balles; Passen an einen sich schnell bewegenden Mitschüler u.s.f. In dieser Stunde soll vorrangig gespielt werden. Da in der 18 × 33-m-Halle gleichzeitig nur 14 Schüler spielen können, sollen für die jeweils pausierenden Jungen Zusatzaufgaben angeboten werden. Der Lehrer begründet den Schülern diese Aufgaben zur Verbesserung ihrer allgemeinen und speziellen Kondition.

Intention:
Entwicklung von Kommunikationsfähigkeit durch Spielen in Dreier- und Vierergruppen.

Lehrereinheit/Trainingseinheit:
Positionswechsel mit Variationen.

Thema:
Zusammenspiel mit Partnern unter Berücksichtigung unsystematischer Positionswechsel
  1. Teilthema:
  Bewegungsspiele in der Vierergruppe.
  2. Teilthema:
  Spiel auf 2 Tore, 6 : 6 plus Torwarte
  Zusatzaufgaben zur Entwicklung von Rumpf- und Sprungkraft
  Gemeinsamer Ausklang durch Bewegung mit Ball nach moderner Musik.

Lernziele:
Die Spieler sollen in der Lage sein,
— Freiräume zu suchen (sich freizulaufen),
— den Raum auszunutzen,
— anspielbereit zu sein,
— sicheres Passen und Annehmen des Balles partnerbezogen zu spielen,
— die Zusatzaufgaben zielgerichtet und bewegungsintensiv auszuüben.

Begründung der Zielentscheidung:
Das zielgerichtete Spiel in Gruppen und Mannschaften macht den Schwerpunkt der Spielerziehung aus. Um zu erreichen, daß die Schüler partnerbezogen spielen

lernen, d. h. ihre Kommunikations- und Interaktionsfähigkeit verbessern, um Merkmale des Mannschaftsspiels bewußt zu erfahren und zu erleben, werden eigens Aufgaben in Vierergruppen gewählt, um das Spiel in der Gruppe den Schülern bewußt zu machen. Dies kommt zum Ausdruck durch Aufgaben in der Vierer-Gruppe ohne und mit Gegenspieler.

Wichtig ist, Schülern das Schiedsrichteramt zu übertragen, damit sie Einblick in diese Funktion gewinnen, was ein Empfinden für regelgerechtes und regelwidriges Spielen entwickeln hilft.

Die Zusatzaufgaben werden aus Gründen der konditionellen Belastung gewählt, da die Sportstunde auch die Funktion hat, physische Entwicklungsreize zu geben.

Zum methodischen Vorgehen:

Durch Steigerung der Aufgaben vom individuellen Bewegen über das Spielen in der Zweier-Gruppe zur Vierer-Gruppe sollen sich die Schüler allmählich an das Zusammenspiel mit Partnern gewöhnen.

Das Spielen in Mannschaftsstärke soll ohne besondere Reglementierungen gespielt werden. Der Lehrer greift das Bewegungs- und Spielverhalten des ersten Teilthemas auf und verweist auf die Lernziele als Grundlage eines Zusammenspiels.

Da zwei Spieler das Spiel leiten, kann sich der Lehrer auch um die Gruppen kümmern, die die Zusatzaufgaben zu lösen haben.

Zur Unterrichts-/Trainingsorganisation:
    Einzel- und Gruppenarbeit (u. a. Zusatzaufgaben)
    Mannschaftsausbildung mit voller Mannschaftsstärke

Medien/Arbeitsmittel:
    Arbeitskarten Nr.: 48, 172, 123, 124, 114, 117, 126
    4 springende Medizinbälle
    1 Handball
    1 Tonband

Geplanter Stundenverlauf:

A: Wir bewegen uns mit Ball, ohne Partner anzustoßen (Karte 48).
H: Wir bilden Vierer-Gruppen und suchen uns ein kleines markiertes Feld. Die zahlreichen Linien in der Turnhalle helfen uns dabei.
K: Förderung der Ballführung und des periphären Sehens
A: Wir suchen uns einen Partner, prellen den Ball und tauschen bei Blickverbindung durch Zuspiel den Ball.
H: Zweier-Gruppen als kleinste personelle Einheit im Mannschaftsspiel.
K: Entwicklung von motorischer und optischer Kommunikation.
A: Wir spielen in der Vierer-Gruppe mit einem Ball, indem wir ihn laufend Partnern zuspielen. (Karte 172)

H: Wir spielen ohne Gegenspieler und versuchen, den Ball nicht auf die Erde fallen zu lassen.
K: Anwendung der Grundtechniken im Kombinationsballspiel ohne Gegenspieler.
A: Wir spielen Kombinationsball 4 : 4 (Karte 172).
H: Die ballbesitzende Mannschaft spielt sich den Ball zu und kann für jeden gelungenen Paß einen Punkt zählen.
K: Verbesserung des Zuspiels, des Freilaufens und Sammeln von Erfahrungen als Abwehrspieler.
A: Mannschaft 1 gegen 2 spielen zuerst gegeneinander.
H: 4 Vierer-Gruppen bilden zwei Mannschaften, von denen zwei Spieler die Funktion als Schiedsrichter übernehmen.
K: Entwicklung von Raumgefühl in Beziehung zum Partner und Gegenspieler.
A: Wir bewältigen Zusatzaufgaben zur Entwicklung der Rumpf- und Sprungkraft an 5 Positionen.
1. Wir werfen den Medizinball mit den Beinen an die Wand (Karte 123).
2. Wir prellen den Medizinball bis über Kopfhöhe (Karte 124).
3. Wir überspringen die Bank (Karte 114).
4. Wir werfen den Medizinball aus der Bauchlage an die Wand (Karte 117).
5. Wir prellen den Medizinball in der Hocke und federn dabei (Karte 126).
H: Zur Durchführung der Zusatzaufgaben wird durch Langbänke ein ca. 2 m breiter Streifen von der Hallenseite abgeteilt. 5 Arbeitskarten werden so ausgelegt, daß jeweils 2 Schüler an einer Station üben können. Aufgabe 1 und 4 an den Stirnseiten, da die Wände benötigt werden. Nach 7 min Spielzeit erfolgt der Wechsel zwischen Spiel und Zusatzaufgaben.
K: Entwicklung von Selbständigkeit beim Lösen konditioneller Aufgaben.

Gemeinsame Gruppenaufgabe:
Wir laufen und bewegen uns mit Ball am Fuß.
H: Wir suchen uns freie Räume.
Musik: „Come on Train" von der Schallplatte „Golden Hits of Johnny & the Hurricanes".

Beispiel 4:
Einsatz von Arbeitskarten in einem vorwiegend spieltaktisch orientierten *Mannschaftstraining.*

Vorbemerkungen zum erwarteten Bedingungsfeld:
Die Trainingsstunde einer Neigungsgruppe Handball findet koedukativ mit 28 Mädchen und Jungen der 11. Jahrgangsstufe statt.
Die allgemeine Spielfähigkeit ist bei allen Teilnehmern gut entwickelt, die spezielle Spielfähigkeit ist dem Aufbautraining zuzuordnen. Die Grundtechniken werden in komplexen Aufgaben und in komplexen Spielen sicher, im Sportspiel Handball

jedoch mit gewissen Unsicherheiten angewendet. Das spieltaktische Verhalten individuell und im Partnerbezug ist verbesserungsfähig, wobei Aufgaben aus dem Spielhandlungsbereich von den Teilnehmern mit viel Interesse aufgenommen und realisiert werden. Schwächen zeigten sich in letzten Freundschaftsspielen vor allem im Raumgefühl, im Bewegungsverhalten zum Partner und beim Nutzen von Abspielgelegenheiten und Torwurfsituationen. Die Spielabläufe werden noch zu deutlich durch Versuch und Irrtum bewältigt, da das Kommunikationsverhalten unvollkommen ausgeprägt ist.

Eine Neigungsgruppe mit viel Engagement, Einsatzfreudigkeit, mit positivem Verhalten zur Gruppe unter Beachtung des Regelwerkes.

Intention:

Entwicklung von intentionalem und intuitivem Spielverhalten.

Lehreinheit:

Das Spiel zwischen der ersten und zweiten Angriffslinie.

Thema:

Neulernen einer Variante des Spiels zwischen Außen- und Rückraumspieler
1. Teilthema:
Wiederholung einer komplexen Aufgabe für das Zusammenspiel zwischen Rückraum- und Kreisspielern (Karte 137, 138).
2. Teilthema:
Neulernen einer Aufgabe für das Zusammenspiel zwischen Außen- und Rückraumspielern (Karten 140, 141).

Lernziele:

Die Spieler sollen in der Lage sein,
— sich als Außenspieler positionsspezifisch zu verhalten und sich auf Laufbewegungen, Lauftempo und Zeitpunkt des Postionswechselns mit den Rückraumspielern einzustellen,
— sich als Rückraumspieler auf den Außenspieler einzustellen, den Paß in der Vorwärtsbewegung anzunehmen, und den Ball so an den Partner weiterzuspielen, daß er seine volle Bewegungsdynamik beibehalten kann,
— sich räumlich so zu orientieren und den Raum auszunutzen, daß das Verhalten dem 2 : 4 Ordnungsrahmen gleicht.

Begründung der Zielentscheidung:

Das moderne Handballspiel lebt von intentionalen und intuitiven Spielanteilen, die sehr stark von der Entscheidungsfähigkeit der Spieler getragen werden. Die gewählten Trainingsaufgaben weisen auf das Raumverhalten hin, was durch spielnahe Bewegungs- und Ballverläufe automatisiert werden kann, damit sich die Konzentration der Spieler auf anspruchsvollere Abläufe orientieren kann.

Das Spiel zwischen der ersten und zweiten Linie ist Voraussetzung für Varibilität und erfolgreiches Spielen.

Zum methodischen Vorgehen:
Es werden zwei Aufgaben aus einem bereits bewältigten Lernzielkatalog wiederholt und durch zwei neue Aufgaben mit gesteigerter Schwierigkeit ergänzt.

Zur Unterrichts-/Trainingsorganisation:
Spiel jeweils von zwei Mannschaften auf ein Tor.

Medien/Arbeitsmittel:
Arbeitskarten Nr.: 137, 138, 140, 141.

Geplanter Stundenverlauf:

A: Wir lösen die komplexe Aufgabe mit dem Zusammenspiel zwischen Rückraum- und Kreisspielern (Karte 137).

H: Wir spielen mit einem und später mit zwei Bällen und sorgen dafür, daß die Bälle von 1 zu 2 und 4 zu 3 zum gleichen Zeitpunkt ins Spiel gegeben werden. Um Bewegungsdynamik und Spielfreude zu steigern, spielen wir mit musikalischer Unterstützung.
Musik: „In the Mood"

A: Wir lösen die Aufgabe mit Torwurf (Karte 138).

H: Wir stellen zwei Abwehrspieler auf die Halbposition, die dosiert Abwehrarbeit leisten.

K: Üben des Zusammenspiels zwischen Rückraum- und Kreisspielern.

A: Wir verändern die Aufgaben, indem wir nach dem Abspiel an den Rückraumspieler hinter ihm herumlaufen (Karte 140).

A: Wir erweitern die Aufgabe, indem wir nach der Ballannahme aufs Tor werfen (Karte 141).

H: Wir spielen wieder mit einem, später mit zwei Bällen, sofern genügend Bewegungs- und Ballsicherheit zu erkennen sind.

K: Veränderung von Lauf- und Ballwegen, die als variable Handlungsmuster dem Spieler Gelegenheit geben sollen, situationsentsprechend Entscheidungen zu fällen und Lösungen zu finden.

Abschließendes Spielen:

A: Wir spielen mit drei Mannschaften (Karte 190).

H: Mannschaft A greift an und kommt zum Torwurf. Nach Torwurf greift Mannschaft B das Tor von Mannschaft C an, während sich die Mannschaft A zur Abwehr formiert. Nach Ballverlust von B greift Mannschaft C das Tor von A an.

K: Spielen am laufenden Band zum Automatisieren mannschaftstaktischer Handlungsabläufe.

10. Statistischer Teil

10.1 Das Untersuchungsverfahren

10.1.1 Ziele der Untersuchung

Um möglichst exakte Aussagen über die Brauchbarkeit der Arbeitskarten für den Handballunterricht machen zu können, mußte überprüft werden, ob die zukünftigen Adressaten die Informationen dieses für sie neuen Mediums verstehen und in Bewegung umsetzen können. Es war also erforderlich, das Aufgabenverständnis und die Realisationsfähigkeit bei Schülern und bei Vereinssportlern zu überprüfen.

Dabei war darauf zu achten, daß die einfacheren Aufgaben an jüngeren Schülern, die schwierigeren Aufgaben dagegen an älteren und fortgeschrittenen Kindern und Jugendlichen validiert wurden.

10.1.2 Umfang der Stichproben

Die Arbeitskarten wurden auf Aufgabenverständnis und Realisationsfähigkeit an folgenden Probandengruppen der Schulen und Vereine überprüft:

Gruppe 1 (Bildreihe zur Technik)
N = 100 Jungen im Alter von 15—20 Jahren aus 8 schulischen Neigungsgruppen und 6 Vereinen.

Gruppe 2 (Ballführung)
N = 100 Einzelspieler bei Einzelübungen bzw.
N = 50 bei Partnerübungen und
N = 30 bei Gruppenübungen im Alter von 12—15 Jahren aus 6 schulischen Neigungsgruppen.

Gruppe 3 (Passen und Fangen)
Stichprobe wie bei Gruppe 2.

Gruppe 4 (Torwurf)
Stichprobe wie bei Gruppe 2.

Gruppe 5 (Torwartverhalten)
N = 30 Torwarte im Alter von 15—20 Jahren aus 8 schulischen Neigungsgruppen und 6 Vereinen.

Gruppe 6 (Spezielle Kondition)
Stichprobe wie bei Gruppe 1.

Gruppe 7 (Angriffsverhalten)
Stichprobe wie bei Gruppe 1.

Gruppe 8 (Abwehrverhalten)
Stichprobe wie bei Gruppe 1.

Gruppe 9 (Spielerische Übungs- und Wettkampfaufgaben)
Stichprobe wie bei Gruppe 2.

Gruppe 10 (Beispiele aus einer Spielreihe)
Keine Überprüfung des Aufgabenverständnisses und der Realisationsfähigkeit.

10.1.3 Versuchsleiter

Zur Erprobung und Validierung der Arbeitskarten wurden insgesamt 10 Sportstudenten mit Schwerpunktfach Handball eingesetzt. Alle Versuchsleiter hielten sich bei der Durchführung der Untersuchung an zuvor festgelegte und erprobte Standardisierungsregeln.

10.1.4 Durchführung des Experiments

Die Entwürfe der Arbeitskarten wurden zunächst an Sportstudenten auf Verständlichkeit und Realisationsfähigkeit überprüft und aufgrund der auf diese Weise erhaltenen Daten verbessert.

Im Hauptexperiment verfuhren die Versuchsleiter dann wie folgt:
1. Die Versuchsleiter besuchten den Pflichtunterricht der Probanden und informierten die Schüler in altersgemäßer Weise über den Sinn der Untersuchung.
2. Sie riefen dann den ersten Schüler bzw. die erste Schülergruppe (bei Partner-, Dreier-, Vierer- oder Sechserübungen) aus dem Unterricht heraus und legten ihm/ihr die erste Arbeitskarte mit der Aufforderung vor, zu sagen, „was hier zu tun" sei.
3. Die Schüler hatten dann bis zu einer halben Minute Zeit zur Aussprache.
4. Anschließend wurde die Karte zugedeckt und die Schüler sollten die Aufgabe beschreiben.
5. Fehlten wichtige Informationen, so durften die Probanden nochmals einen Blick auf die Arbeitskarte werfen. Dabei war es den Versuchsleitern erlaubt, die Schüler darauf aufmerksam zu machen, sich Bild und Text noch etwas genauer zu betrachten.
6. Die Versuchsleiter schätzen die Aussagen der Schüler nach einer Fünfer-Notenskala ein:
   1 = sehr gut verstanden
   2 = gut verstanden
   3 = verstanden
   4 = mit deutlichen Mängeln verstanden
   5 = nicht verstanden
7. Danach wurden die Schüler aufgefordert, die Bewegungsaufgaben auszuführen.
8. Auch die Bewegungsausführung wurde mit Hilfe einer Skala eingeschätzt:
   1 = sehr gut ausgeführt
   2 = gut ausgeführt
   3 = ausgeführt
   4 = mit deutlichen Mängeln ausgeführt
   5 = falsch ausgeführt
   Bei der Einschätzung der Qualität der Bewegungsausführung waren die Versuchsleiter gehalten, sich an der Grobform der Bewegung zu orientieren.
9. Einem Schüler bzw. einer Gruppe wurden nacheinander bis zu 10 Karten vorgelegt und dann erst der nächste Schüler oder die nächste Gruppe herausgerufen.

Nach Auswertung der Ergebnisse wurden jene Karten aussortiert, die von mehr als 25% der Schüler nicht verstanden wurden (Noten 4 und 5). Bei einzelnen Karten haben wir aufgrund der Beobachtungen der Versuchsleiter noch geringfügige Änderungen in der Bilddarstellung und im Text vorgenommen, die jedoch kaum ins Gewicht fallen dürften.

Das verwendete Validierungsverfahren lehnt sich eng an die vorgesehenen Einsatzmöglichkeiten an (Kooperation mehrer Schüler, Verständigung über den Sinn der Abbildungen und Texte; Umsetzen der Informationen in Bewegung). Daher ist anzunehmen, daß die von uns angegebenen Verständnis- und Realisationsquoten auch in realen Unterrichtssituationen erreicht werden.

10.2 Darstellung der Ergebnisse

Aus den folgenden Tabellen 1 und 2 (Seite 31 und 32) wird ersichtlich, welche Durchschnittsnoten die Schüler beim Aufgabenverständnis (Tabelle 1) und bei der Realisationsfähigkeit (Tabelle 2) erzielt haben.

Bei der Arbeit mit Anfängern sollten möglichst zunächst die Karten benutzt werden, die bei der Einschätzung der Realisationsfähigkeit mit besseren Noten beurteilt wurden. Später können die mit weniger guten Noten bewerteten Aufgaben eingesetzt werden.

11. Schlußbemerkung:

Wir weisen den Benutzer der „Arbeitskarten zur Technik-, Taktik- und Konditionsschulung Handball" abschließend nochmals darauf hin, daß das in dieser Mappe zusammengetragene Übungsgut **allein** nicht ausreicht, um einen optimalen Unterricht zu erteilen. Die Arbeitskarten sind lediglich als ein zusätzliches Hilfsmittel aufzufassen, mit dessen Hilfe Sportlehrer/Trainer den Abwechslungsreichtum ihrer Unterrichts- und Trainingsstunden erhöhen, die Intensität gruppenunterrichtlicher Lehrverfahren steigern und das Zustandekommen kognitiver und sozialer Lernprozesse unterstützen können.

Wir betonen ferner, daß die Arbeitskarten dieser Mappe nicht mit Lernprogrammen verwechselt werden dürfen. Um bestimmte technischen und taktischen Handlungsabläufe zu **erlernen,** reichen die Informationen der Arbeitskarten nicht immer aus. Sie können aber mit ihrer Hilfe **geübt** und verbessert werden.

Aufgabenverständnis

Tabelle 1	1			2			3			4		5
	1,0	1,5	2,0	2,5	3,0	3,5	4,0	4,5	5,0
Gruppe 1 (Bildreihen zur Technik)	1, 14, 17, 18, 19	3, 4, 11, 21	2, 6, 12, 15, 20	7, 9, 13, 16, 22, 26, 27, 28, 29, 32	10, 23, 24, 25, 30	8, 31			
Gruppe 2 (Ballführung)	33, 34, 38, 39	35, 36, 37, 41, 42, 46, 47	40, 44, 45, 48	43					
Gruppe 3 (Passen und Fragen)	57, 58, 63, 69	49, 51, 52, 53, 54, 55, 56, 59, 60, 61, 64	50, 62, 65, 66, 68, 70	67, 71	72				
Gruppe 4 (Torwurf)	73	74, 76, 84, 85, 92, 93, 101	75, 77, 78, 79, 80, 87, 88, 89, 90, 91, 94, 95, 96, 98, 99, 100, 102	81, 82, 83, 86, 97	103, 104				
Gruppe 5 (Torwartverhalten)	105	106, 107, 108, 109	110, 111, 112						
Gruppe 6 (Spezielle Kondition)	115, 117, 119, 120, 127, 128	113, 114, 118, 121, 126	116, 122, 123, 124	125					
Gruppe 7 (Angriffsverhalten)		129, 130	131, 132, 133, 134, 137, 138	135, 136, 139, 140, 141, 142, 143	144				
Gruppe 8 (Abwehrverhalten)	147, 156	145, 146, 149, 150, 151, 153, 157, 158	148, 152, 154, 155	159, 160					
Gruppe 9 (Spielerische Übungsformen)		163, 164	161, 162, 165, 166, 168, 172, 173, 174, 175	167, 169, 170, 171	176				

Realisationsfähigkeit

Tabelle 2	1		2			3		4		5
	1,0	1,5	2,0	2,5	3,0	3,5	4,0	4,5	5,0
Gruppe 1 (Bildreihen zur Technik)	14, 17, 18, 19	1, 21	3, 4, 20, 22, 24	2, 5, 9, 10, 26, 27	6, 11, 15, 25, 28, 29, 32	7, 12, 13, 23	8, 16, 30, 31		
Gruppe 2 (Ballführung)		33	34, 39, 46, 47, 48	35, 36, 37, 44, 45	38, 40, 42	41	43		
Gruppe 3 (Passen und Fangen)			49, 50, 52, 53, 54, 55, 56, 57, 58, 60, 61, 63, 64, 69	51, 59, 62, 65, 68	66, 67	70	71, 72		
Gruppe 4 (Torwurf)		73, 74		76, 77, 92	75, 78, 79, 80, 84, 85, 87, 89, 90, 93, 94	81, 82, 83, 86, 88, 95, 96, 97, 102	91, 98, 99, 100, 101	103, 104	
Gruppe 5 (Torwartverhalten)		105	106, 107	108, 112	109, 110, 111				
Gruppe 6 (Spezielle Kondition)		113, 115, 117, 118, 119, 120	114, 116, 121, 127, 128	126	123, 124	122, 125			
Gruppe 7 (Angriffsverhalten)			129, 130, 131, 133	132, 134, 135, 137, 138	136, 139, 140, 141, 142, 143, 144				
Gruppe 8 (Abwehrverhalten)		145, 146, 147, 151, 156, 157	148, 149, 150, 153, 154	152, 158	155, 159, 160				
Gruppe 9 (Spielerische Übungsformen)		163	164, 172, 173, 174, 175	161, 162, 165, 166, 168, 169	167, 170, 171	176			

Techniken

Prellen

Lockeres, rhythmisches Laufen; die Finger sind leicht gespreizt.

Der Ball wird nach unten **gedrückt**. Handgelenk und Finger klappen nach.

Der Ball „saugt" sich in die Handfläche.

Der Ball wird seitlich vor dem Körper geführt.

Techniken

Herausspielen des Balles

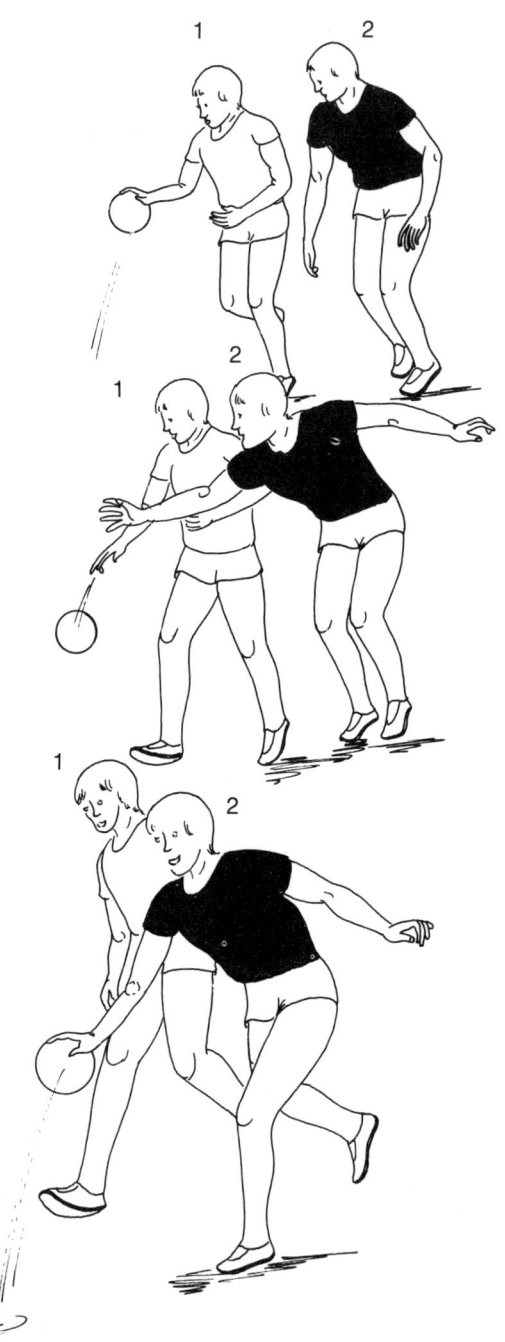

1 prellt den Ball.
2 läuft mit Körperkontakt mit.

2 versucht den Ball herauszuspielen,
wenn dieser vom Boden hochspringt.

2 spielt dann den Ball in die eigene Bewegungsrichtung und sichert ihn.

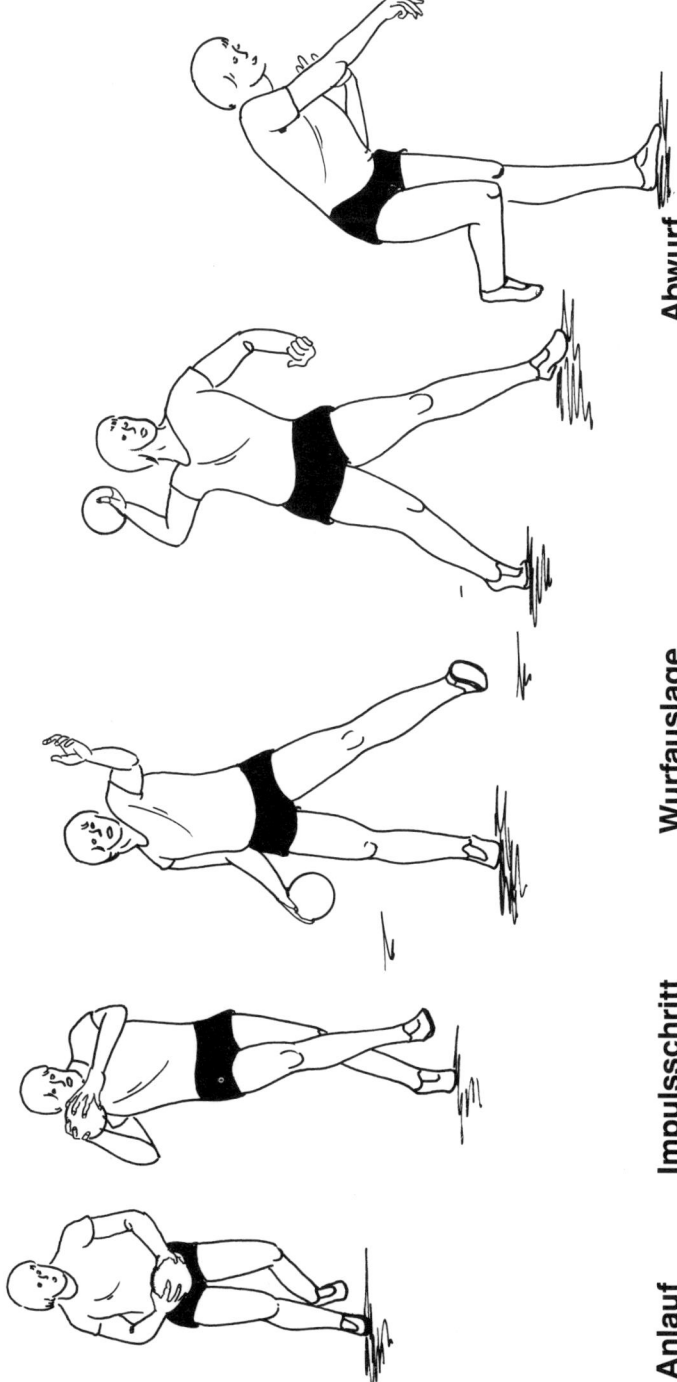

Techniken

Schlagwurf nach Zuspiel

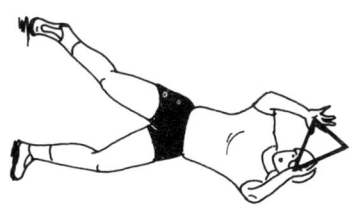

Ballannahme

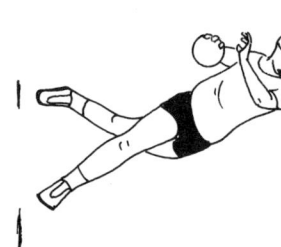

Impulsschritt
Rechtes Bein überholt das linke. Wurfarm schwingt zurück.

Ausholbewegung
Wurfarm schwingt geradlinig hinter den Rumpf.

Stemmschritt
Stemmbein fast gestreckt aufsetzen.

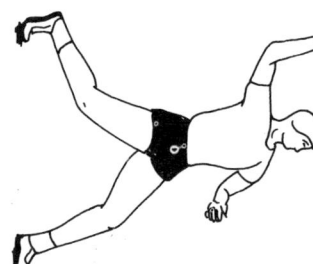
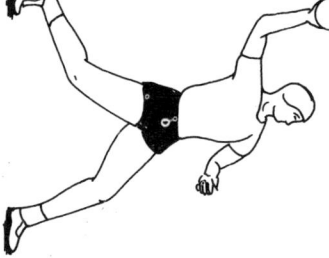

Abwurf
Ziel fixieren. Ellbogen möglichst hoch nach vorn bringen. Beine explosiv strecken. Schlagbewegung des Wurfarms.

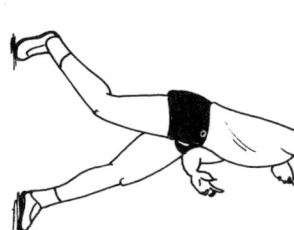

Schlagwurf in Bodennähe

Techniken

Wurfvorbereitung
Rhythmisches Angehen oder Anlaufen.

Ball mit beiden Händen sichern.

Wurf
Großer Stemmschritt; in Bodennähe abwerfen; Hand hinter dem Ball.

Techniken

Wurfvorbereitung
Ballsicherung

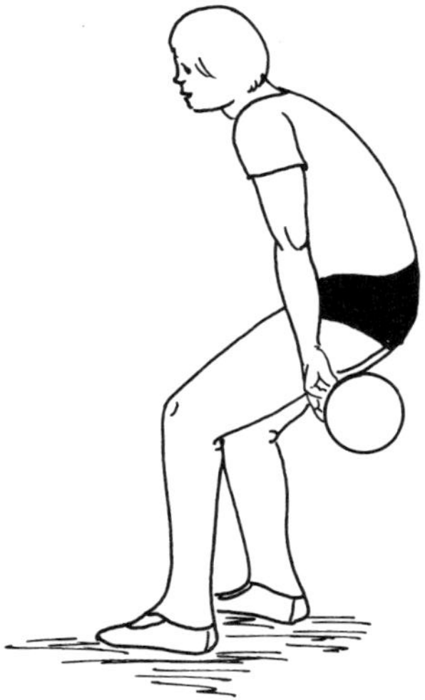

Abwurf
gerader Zug rückwärts am Oberschenkel vorbei, (langer Arm).

Rückhandwurf in Hüfthöhe

Blick folgt dem Wurf, Wurfbewegung klingt mit langem Armschwung aus.

Techniken

Rückhandwurf in Kopfhöhe

Wurfvorbereitung
Standbein stemmt und bietet Widerstand für schnelle Rotation. Ball wird von der Wurfhand gegen das Handgelenk gedrückt und mit der anderen Hand gesichert.

Abwurf
Arm wird dicht am Kopf vorbeigeführt; gebeugtes Ellbogengelenk.

Ball verläßt nach Hälfte der Körperdrehung die Hand, Blickverbindung zum Ziel, Körperschwung wird in Frontalstellung zum Tor aufgefangen.

Techniken

Rückhandwurf über Kopfhöhe

Wurfvorbereitung
Angehen
Schritt mit dem rechten Bein in Wurfrichtung.
Ball mit beiden Händen sichern.

Drehung
Ball gegen Handgelenk und Unterarm drücken.
Handrücken nach unten drehen.

Gewicht auf das rechte Bein verlagern und auf diesem Bein andrehen. Wurfarm nach hinten-oben führen.

Abwurf
Gewicht auf das linke Bein verlagern und auf diesem weiterdrehen. Wurfarm schwingt über Kopfhöhe in Wurfrichtung.

Wurfarm gestreckt in Wurfrichtung schwingen. Hand liegt hinter dem Ball.
Dem Ball nachschauen.

rechts — links

Techniken

Sprungwurf in die Höhe

Abwurf
Ellbogen **über Kopfhöhe** nach vorn „peitschen"; linke Körperseite nicht wegdrehen.
Auf dem Absprungbein landen.

Absprung
Kraftvoller Absprung; Wurfhand nach oben führen.

Wurfvorbereitung
Anlaufen mit Ballprellen; Wurfhand im vorletzten Schritt zurückführen.

Techniken

Sprungwurf in die Weite

Wurfvorbereitung
Etwa von der Mittellinie aufs Tor zuprellen.

Absprung
An der Freiwurflinie abspringen; dabei den Ball über Kopfhöhe zurückführen.
Achtung! So weit wie möglich springen.

Wurf
Vor Bodenkontakt abwerfen. Auf dem Sprungbein landen.

Fallwurf aus der Schrittstellung

Techniken

Wurfvorbereitung
Schrittstellung, Zurücknehmen der Wurfschulter.

Wurfauslage
Verwringung des Rumpfes; Zurücknehmen des Wurfarms; Gewichtsverlagerung auf das vordere Bein.

Wurf
Fallen in Wurfrichtung, Hüft- und Rumpfeinsatz, schlagartige Armbewegung, völlige Körperstreckung.

Abfangen und Abrollen
über die Wurfarmseite.

Techniken

Sprungfallwurf

Anlauf
Wurfvorbereitung; Ball bleibt bis zum Absprung in beiden Händen.

Absprung
mit Wurfauslage; Zurücknehmen der Wurfschulter; Verwringung des Rumpfes.

Abwurf
Ellbogen nach vorn peitschen.

Abfangen und Abrollen
über die Wurfarmseite.

Techniken

Handgelenkwurf

Bereitschaftsstellung
Ballsicherung

Wurf
Schnelle Drehstreckung des Armes und des Handgelenks in Wurfrichtung; Explosive Streckung des Standbeines.

Abfangen
Abfangen des Körpers mit beiden Händen; Möglichst über die Wurfschulter abrollen.

Techniken

Beidhändiger Schwungwurf durch die Beine

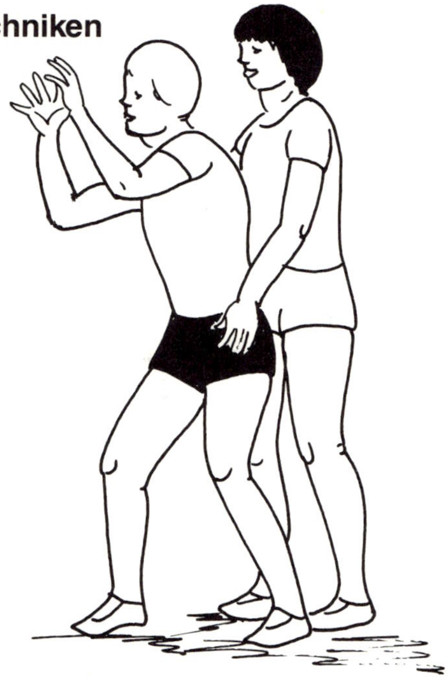

Ballannahme
Fangen des Balles bei leicht gegrätschten Beinen.

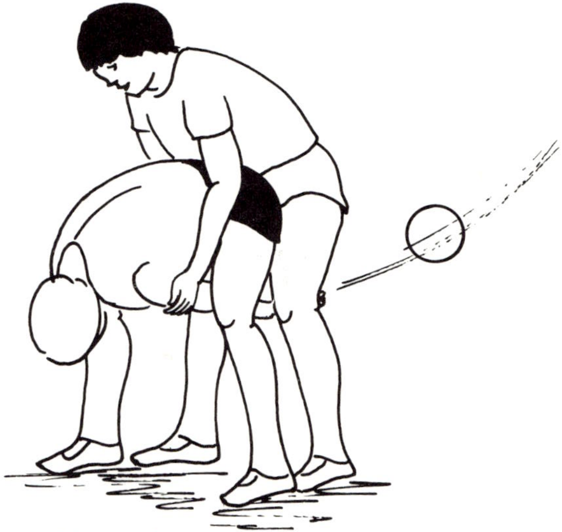

Abwurf
Schnelles Abbeugen des Rumpfes. Wurf durch die eigenen Beine (evtl. auch durch die Beine des Abwehrspielers).

Techniken

Seitfallwurf (Knickwurf)
entgegengesetzt zur Wurfarmseite

Suchen der Wurfposition
Bewege dich auf den Abwehrspieler zu und täusche einen Wurf nach links an.

Wurfvorbereitung
Mache einen Stemmschritt; führe dabei den Ball weit hinter den Kopf zurück. Beuge den Oberkörper nach rechts und knicke in der Hüfte ab.

Wurf
Laß dich zur freien Hand fallen. Strecke das Standbein und wirf möglichst spät ab.

Abfangen
Fange dich mit den Händen auf. Rolle über die Wurfarmseite ab.

Techniken

Seitfallwurf zur Wurfarmseite

Suchen der Wurfposition
Bewege dich auf den Gegenspieler zu.

Wurfvorbereitung
Hole aus und mache dabei einen großen Stemmschritt.

Wurf
Laß dich zur Wurfarmseite fallen. Wirf kurz vor der Bodenberührung ab.

Abfangen
Fange dich mit den Händen auf. Rolle dann ab.

Techniken

Schlagwurfpaß

Paßvorbereitung
— Blickkontakt
— Ballsicherung

Paß
— Geringe Ausholbewegung in Schulter oder Kopfhöhe
— Schlagwurfbewegung nach vorn

Ausklang der Bewegung

Techniken

Druckpaß mit einer Hand

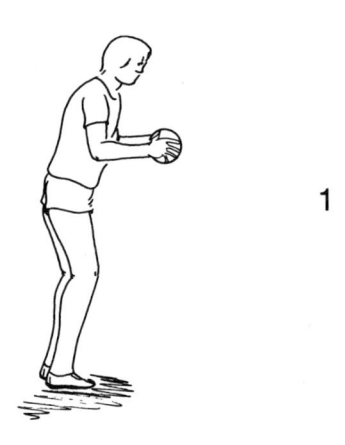

Paßvorbereitung
— Aus dem Stand üben.
— Ball mit beiden Händen sichern.
— Blickkontakt zum Partner suchen.

Ausholbewegung
— Ball in eine Hand nehmen.

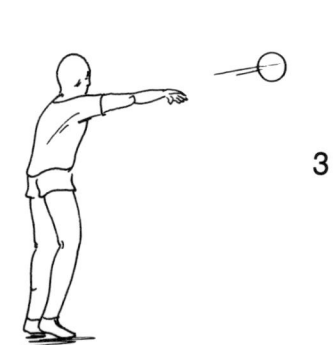

Paß
— Streckung des Ellbogens und des Handgelenkes.
— Letzter Impuls durch die Finger.

Techniken

Indirekter Paß

Paßvorbereitung
— Blickkontakt;
— Ballsicherung.

Paß
— Schlagwurfbewegung nach unten ausführen;
— Krafteinsatz so dosieren, daß der Partner fangen kann.

Techniken

Rückhandpaß

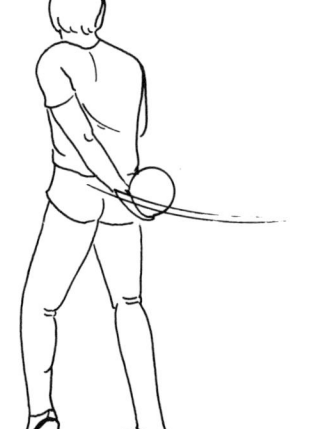

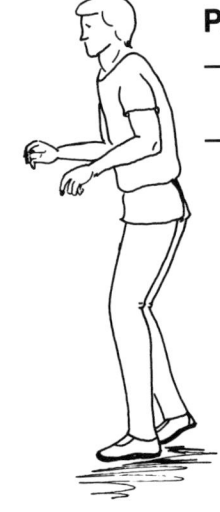

Paßvorbereitung
— Aus dem Stand üben.
— Rücken zeigt zum Partner.

Paß
— Ball liegt auf der flachen Hand;
— Hand steuert und kontrolliert die Paßgenauigkeit;
— Ball mit langem Arm abspielen (Anlüpfen).

Techniken

Schwungwurfpaß
Unterhandpaß

Paßvorbereitung
— Blickverbindung mit dem Partner suchen;
— Ball mit beiden Händen sichern.

Ausholbewegung
— Ball mit einer Hand hinter den Rumpf schwingen;
— Ball nicht krallen!

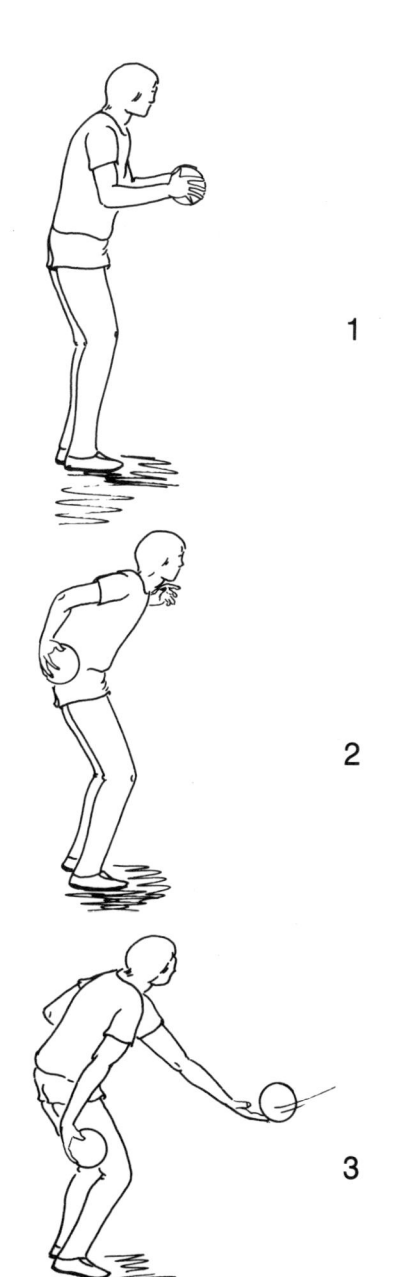

Paß
— Wurf mit langem Arm ausführen;
— Hand lange am Ball lassen.

Techniken

Schwungwurfpaß vom Partner weg

Vorbereitung des Positionswechsels
1 läuft **hinter** dem Ballbesitzer vorbei.

Paßvorbereitung mit Handwechsel

Zuspiel mit langem Arm an den hinterlaufenden Partner
Beachte: Wurfarm schwingt von vorn um den Oberkörper.

Ballannahme und Torwurf

Techniken

**Schwungwurfpaß
Rückhandpaß um den Kopf herum**

1

2

Paßvorbereitung / Ausholen
— Anfangs aus dem Stand üben;
— Ausholen mit langem Arm;
— Ball nicht krallen;
— Verständigung mit dem Partner möglichst ohne Blickkontakt.

Paß
— Ball mit langem Arm um den Kopf herum spielen.

Techniken

Schwungwurfpaß
Paß vor dem Körper

Paßvorbereitung
— Angehen oder Anlaufen;
— Zum Schlagwurf ansetzen (Finte!).

Ausholbewegung
— Aus dem Schlagwurfansatz Arm zur Seite führen;
— Verständigung mit dem Partner möglichst ohne Blickverbindung.

Paß
— Ball mit langem Arm abspielen.

Techniken

Hakenwurfpaß

1

Paßvorbereitung
— Anlaufen;
— Verständigung mit dem Partner möglichst ohne Blickkontakt.

2

Ausholbewegung
— Völlige Körperstreckung;
— Strecken des Armes neben dem Kopf.

3

Paß
— Ball aus dem Handgelenk heraus spielen;
— Hand dabei nachklappen;
— Arm ruhig halten.

Techniken   Handgelenkpaß

1

Paßvorbereitung / Ausholen
— Anfangs aus dem Stand üben;
— Ausholbewegung zur Gegenseite;
— Ball nicht zu stark krallen.

2

Paß
— Armstreckung mit Handgelenkdrehung;
— Die Handfläche zeigt in die Wurfrichtung;
— Ball lange führen.

Techniken

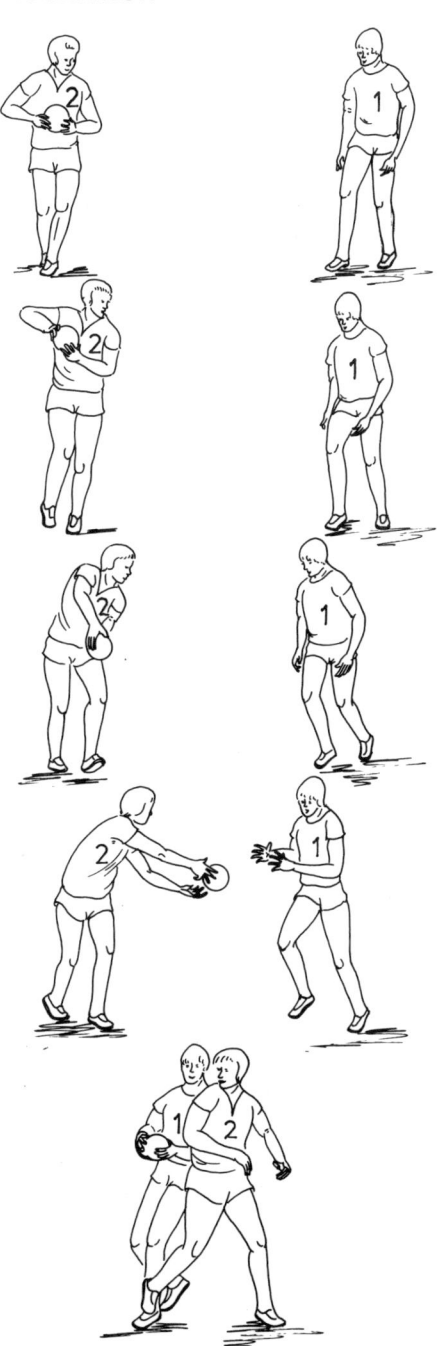

**Hüftschwungpaß
mit beiden Händen**

Vorbereitung zum
Positionswechsel

Paßvorbereitung
durch Blickverbindung und Ausholbewegung

Ballführung mit
langen Armen

Zuspiel

Ballannahme

Techniken

Hüftschwungpaß mit einer Hand

Vorbereitung des Kreuzens mit Kontakt zum Partner und Paß-vorbereitung
(1 läuft hinter 2 vorbei!).

Paß mit langem Arm.

Ballannahme

Kreuzen vollenden.

Techniken   Rückhandpaß

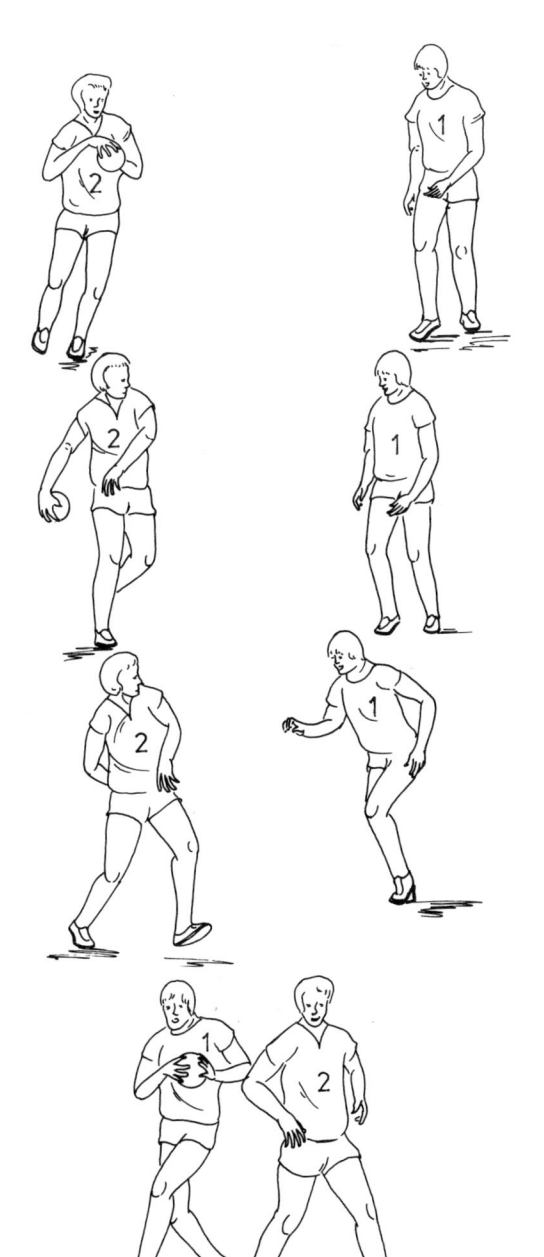

Vorbereitung zum Kreuzen durch Blickverbindung mit Partner.

Paßvorbereitung aus der Bewegung (Positionswechsel). Auf gute räumliche Abstimmung achten.

Paß
Entgegengesetzte Wurfschulter nach vorn drehen.

Auflösung des Kreuzens.

Techniken

Zuspiel hinter dem Kopf

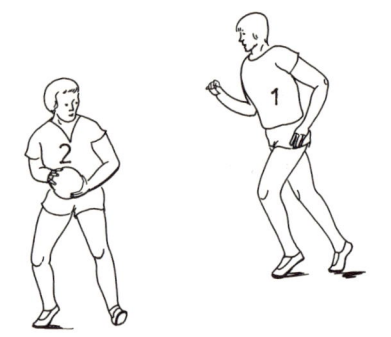

Vorbereiten des Positionswechsels.

Paßvorbereitung aus dem Wurfansatz heraus.

Paß durch Zuspiel hinter dem Kopf. **Beachte:** Finger geben dem Ball eine Drehung vom Kopf weg.

Ballannahme

Techniken

**Paß durch „Abtropfen"
aus dem Wurfansatz heraus**

Vorbereitung des
Kreuzens durch
Verständigung mit
dem Partner.

Paßvorbereitung
durch Wurfansatz.

Paß durch
Abtropfen
Beachte:
Wurfhand wird
während der
Schlagbewegung
unter dem Ball
durchgezogen.

Dichtes Vorbei-
laufen der Partner
beim Kreuzen.

Ballannahme

Techniken

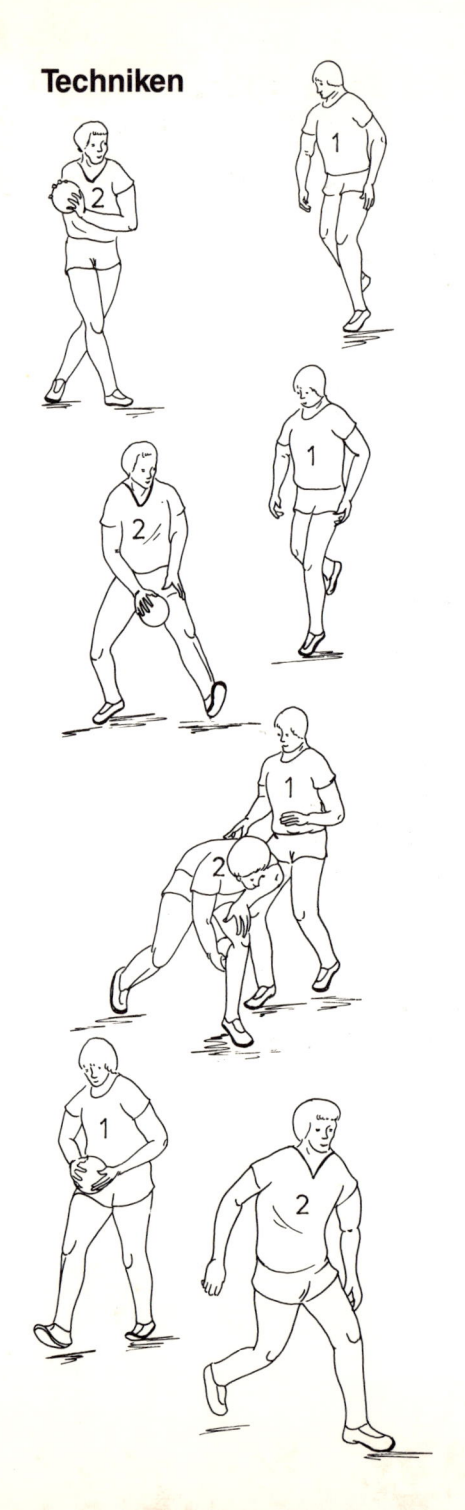

**Individuelle Abspielvariation
Zuspiel durch die Beine
während der Stemmstellung**

Vorbereitung des Positionswechsels durch Verständigung mit dem Partner.

Sicherung des Balles am Körper.

Zuspiel an den Partner durch die Beine.

Ballannahme

Ballführung Übung ____

Üben der Ballführung / Verbesserung der Gewandtheit

Prelle den Ball abwechselnd hoch und tief.

Ball nicht schlagen, sondern herunterdrücken.
Übe mit verschiedenen Bällen!

Dosierung: _____

Ballführung   **Übung** ____

Üben der Ballführung / Verbesserung der Gewandtheit

Sprinte durch die Halle.
Prelle dabei den Ball rechts und links.

        Übe mit verschiedenen Bällen
        (Gymnastikball, Medizinball, Fußball etc.).

Dosierung: _____

Ballführung Übung ____

Üben der Ballführung / Steigerung der Schnelligkeit

Prellt mit dem Ball um die Stange und stellt euch dann wieder hinter eure Gruppe.

Prellt den Ball an der Stange mit der Außenhand!

Dosierung: _____

Ballführung Übung ____

Üben der Ballführung / Verbesserung der Gewandtheit

Laufe in Achterschleifen um die Kästen, prelle dabei stets mit der **Außenhand**. Abstand der Kästen ca. 5 m.

Dosierung: _____

Ballführung Übung ____

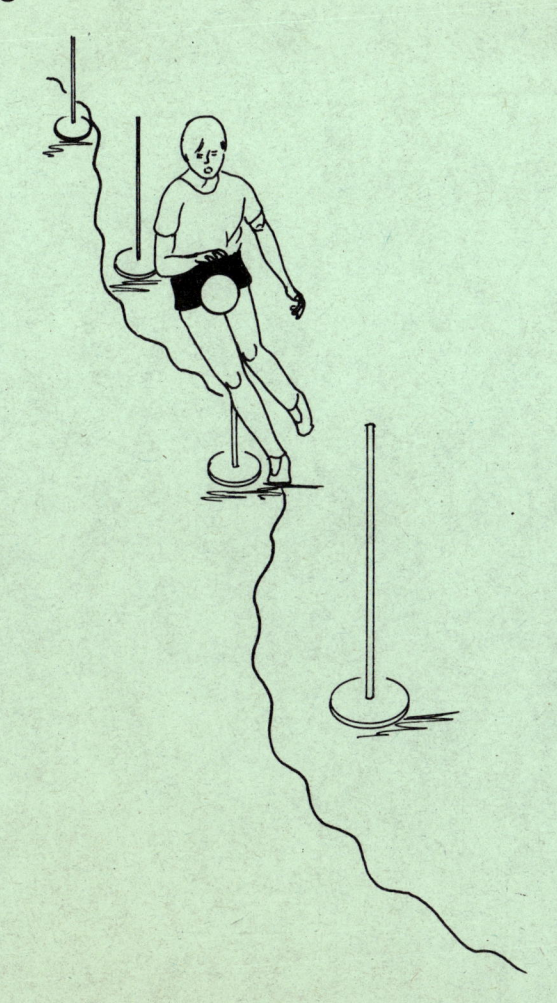

Üben der Ballführung / Verbesserung der Gewandtheit
Prelle den Ball im Slalom.
Handwechsel an jeder Stange.

Dosierung: ____

Ballführung   **Übung** ____

**Üben der Ballführung /
Schulung der Kraft und der Gewandtheit**

Prelle den Ball im Liegestütz und in der Hocke.
Wechsele die Stellungen, ohne mit dem Prellen aufzuhören.

Dosierung: _____

Ballführung Übung ____

Üben der Ballführung / Verbessern der Gewandtheit

Prelle den Ball und schlüpfe dabei unter den Hindernissen durch.

Dosierung: _____

Ballführung Übung ____

Üben der Ballführung / Verbesserung der Gewandtheit

Prelle den Ball im Hopserlauf.

Übe auch mit der anderen Hand und im Slalom.

Dosierung: _____

Ballführung Übung ____

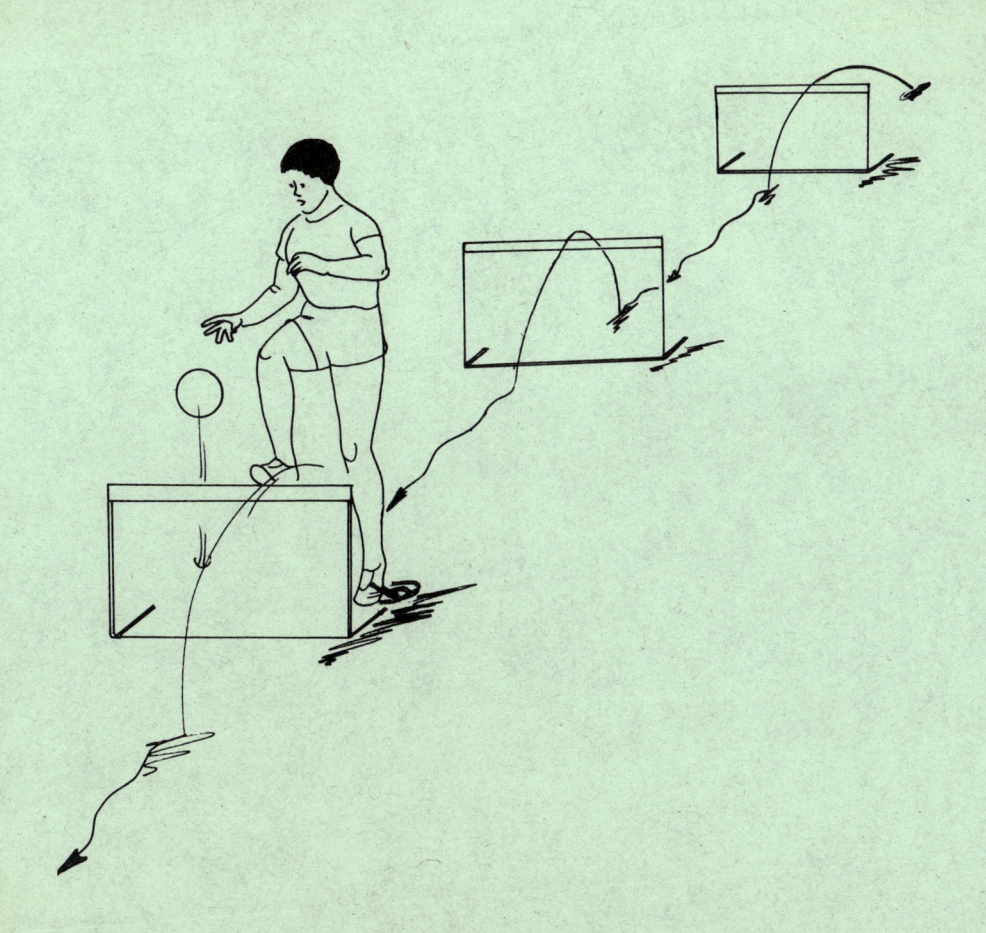

Üben der Ballführung / Verbessern der Gewandtheit
Prelle den Ball und überspringe dabei die Hindernisse.

Dosierung: _____

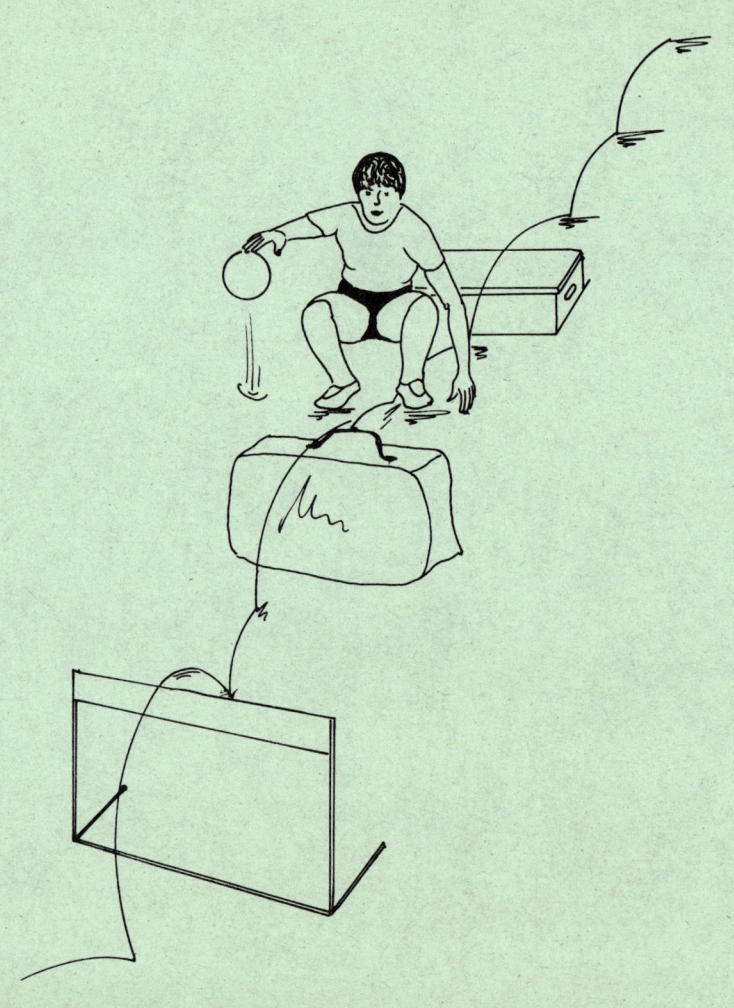

Ballführung   Übung ____

Üben der Ballführung / Schulung der Sprungkraft

Prelle den Ball in der Hocke und überspringe dabei die Hindernisse.

Dosierung: _____

42

Ballführung Übung ____

Üben der Ballführung / Verbessern der Gewandtheit

Prelle den Ball und springe dabei mehrmals über die Bänke.

Dosierung: _____

Ballführung   Übung ____

**Üben der Ballführung /
Entwicklung der Schnelligkeitsausdauer**

A versucht B abzuschlagen.
Beide Spieler prellen einen Ball.

Dosierung: _____

Ballführung Übung ____

Üben der Ballführung / Verbesserung der Gewandtheit

Prellt nacheinander im Slalom um die Partner.

Bei mehr als 5 Spielern mit zwei Bällen üben.

Dosierung: _____

Ballführung Übung ____

Üben der Ballführung /
Entwicklung der Schnelligkeitsausdauer

Lauft im Viereck.
Der Letzte der Reihe sprintet an die Spitze und drosselt sein Tempo sofort.

Dosierung: _____

Ballführung Übung ____

**Üben der Ballführung /
Verbesserung der allgemeinen aeroben Ausdauer**

Bildet Paare, Dreier- oder Vierergruppen.
Ein Spieler prellt vornweg, die anderen folgen ihm.
Der Führende soll Richtung und Tempo möglichst oft wechseln.
    Handwechsel beim Prellen nicht vergessen!

Dosierung: ____

Ballführung Übung ____

Üben der Ballführung und des peripheren Sehens / Verbesserung der allgemeinen aeroben Ausdauer

Sucht euch ein kleines Feld (z. B. Torraum).
Lauft in diesem Feld und prellt den Ball.

Löse den Blick vom Ball
und beobachte deine Partner.

Dosierung: ____

Passen und Fangen Übung ____

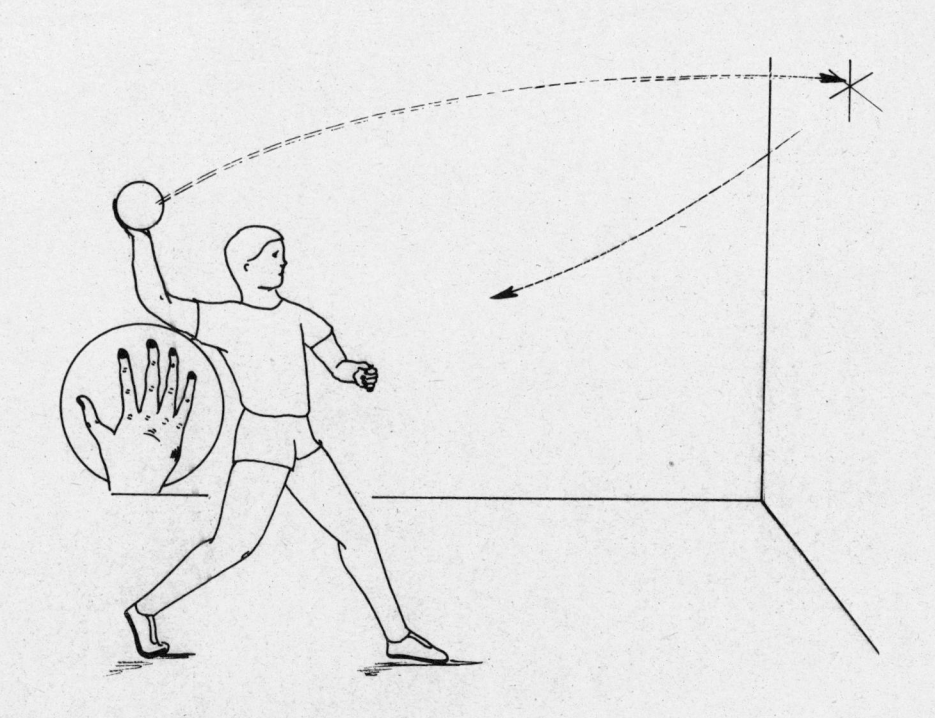

Üben des Schlagwurfs / Verbessern der Wurfausdauer

Wirf den Ball gegen die Wand und fange ihn auf.

　　　　Rechtshänder stellen das linke Bein nach vorn.
　　　　Hand hinter dem Ball.

Dosierung: _____

Passen und Fangen Übung ____

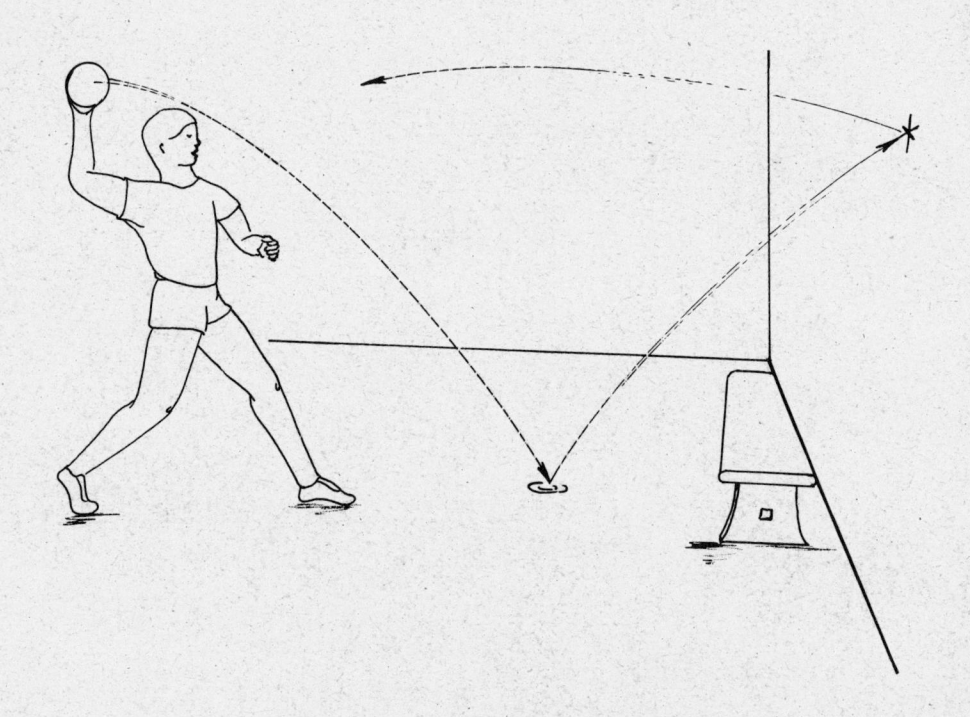

Üben des indirekten Zuspiels / Verbessern der Wurfausdauer

Wirf den Ball indirekt gegen die Wand.

Hand hinter dem Ball!
Bewegliche Beinarbeit!

Dosierung: _____

Passen und Fangen   Übung ____

Üben des Zuspiels / Verbessern der Wurfausdauer

Werft euch den Ball in Kopfhöhe zu.
Nehmt den Ball mit **langen Armen** an und führt ihn dann zum Körper.

            Merke: Beim Fangen bilden Daumen und Zeigefinger ein Dreieck.

Dosierung: _____

Passen und Fangen Übung ____

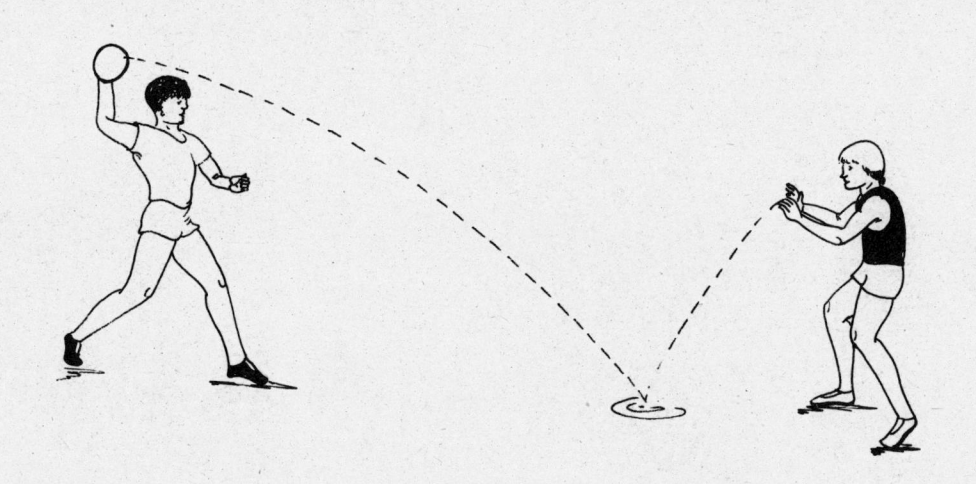

**Üben des indirekten Zuspiels /
Verbessern der Wurfausdauer**

Werft euch den Ball indirekt zu.
Achtet auf weiches Annehmen des Balls und auf bewegliche Beinarbeit.

Dosierung: _____

Passen und Fangen　　　　　　　　　　Übung ____

Üben des Zuspiels

Spieler 1 wirft an die Wand, Spieler 2 fängt.

　　　　　　　　　　　Hand hinter dem Ball!
　　　　　　　　　　　Bewegliche Beinarbeit!

Dosierung: _____

Passen und Fangen Übung ____

**Üben des indirekten Zuspiels /
Verbesserung der Lauf- und Wurfkoordination**

Laufe an der Wand entlang und wirf den Ball dagegen.

Abstand zur Wand selbst wählen und später verändern.

Dosierung: _____

Passen und Fangen   Übung ____

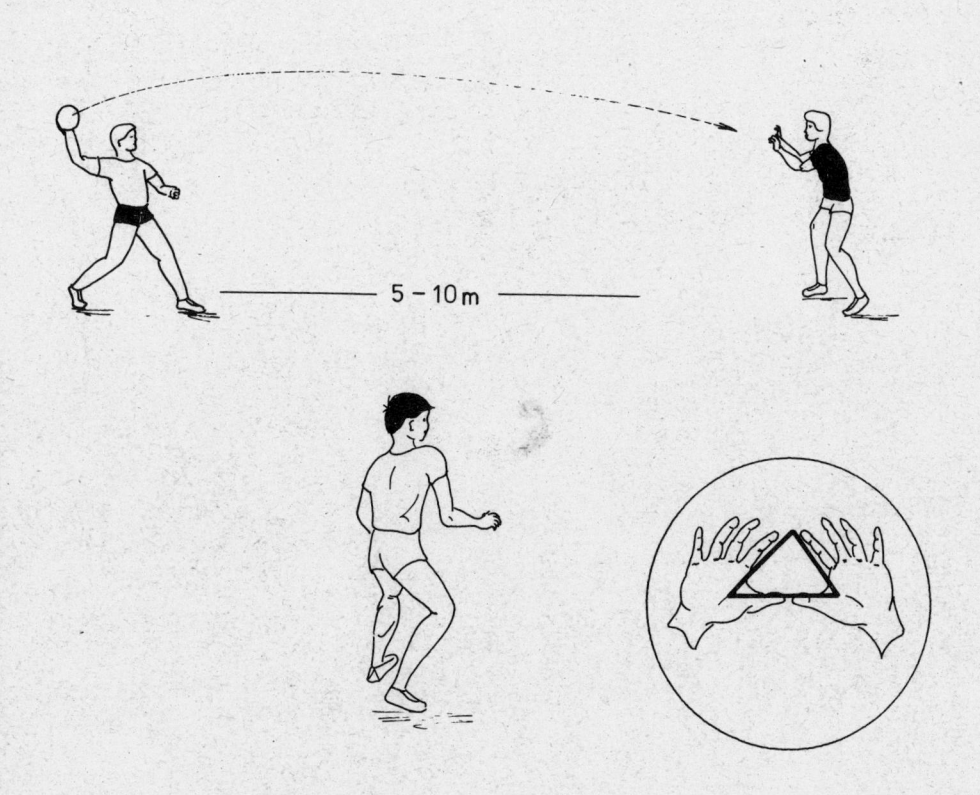

5 – 10 m

Üben des Zuspiels

Spielt euch den Ball in der Dreiergruppe zu.

Achtet auf die Handhaltung beim Fangen und auf eine bewegliche Beinarbeit.

Dosierung: _____

Passen und Fangen　　　　　　　　　　　　　　Übung ____

Üben des Zuspiels / Schulung der Reaktionsfähigkeit

1 spielt zum Mittelspieler.
Dieser wirft zu 1 zurück.
Dann spielt 2 zum Mittelspieler usw.

　　　　　　Alle Außenspieler haben einen Ball
　　　　　　und bewegen sich auf der Stelle.

Dosierung: _____

Passen und Fangen

Übung

Üben des Zuspiels und der Fangsicherheit / Verbessern der Gewandtheit

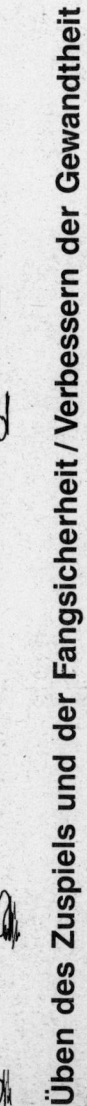

Nr. 1 wirft zu Nr. 2 — Nr. 2 spielt zu Nr. 3.
Nr. 3 wirft zu Nr. 2 — Nr. 2 spielt zu Nr. 1.

Beachtet die Handhaltung beim Werfen und Fangen!

Dosierung:

Passen und Fangen Übung ____

Üben des Zuspiels

Spielt euch den Ball in der Vierergruppe zu.
Bewegt euch dabei am Ort.

Dosierung: _____

Passen und Fangen

Übung

8—15 m

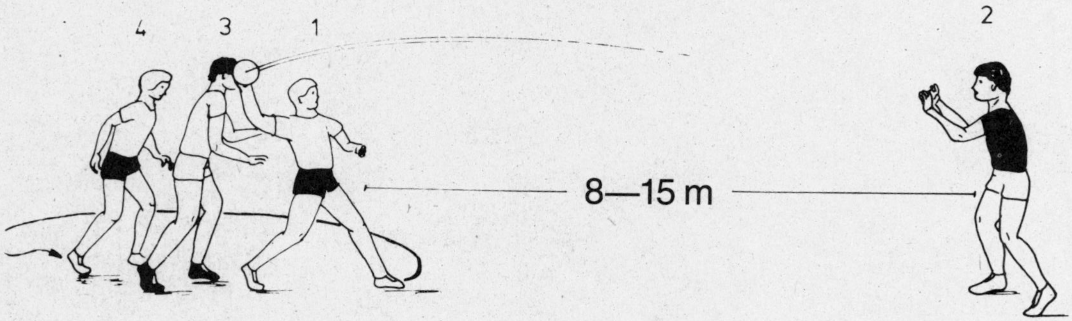

Üben des Zuspiels

Nr. 1 wirft zu Nr. 2 und stellt sich hinten an.
Dann üben 2 und 3, 2 und 4 usw.

Beachte als Rechtswerfer:
Das linke Bein macht einen Stemmschritt.
Die Wurfhand bleibt hinter dem Ball.

Dosierung:

Passen und Fangen Übung ____

Stemmschritt

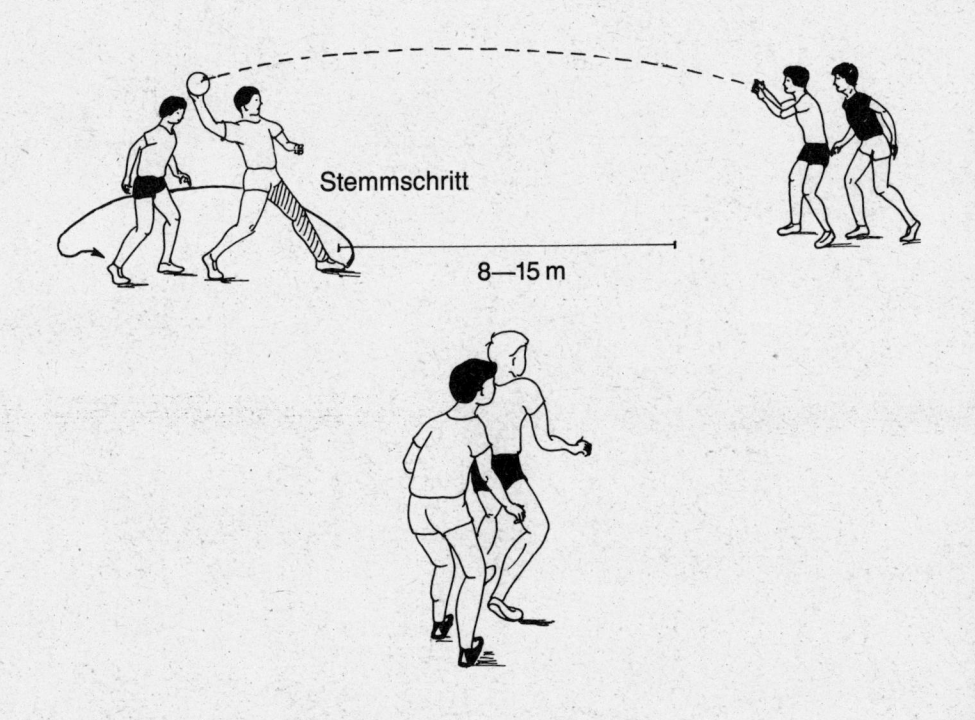

8—15 m

Üben des Zuspiels

Spielt euch den Ball zu und stellt euch sofort wieder hinter eure Gruppe.

Ausholbewegung des Wurfarms gering halten.

Dosierung: _____

Passen und Fangen   Übung ____

8—15 m

Üben des Zuspiels und der Ballannahme / Verbesserung der Schnelligkeit

Spielt euch den Ball zu.
Lauft dem Ball nach und stellt euch hinter die nächste Gruppe.

Dosierung: _____

Passen und Fangen

Übung ——

Üben des Zuspiels und der Fangsicherheit / Verbesserung der Schnelligkeitsausdauer

Nr. 1 prellt bis zur Linie, spielt zu Nr. 2 und läuft zu Gruppe B.
Nr. 2 prellt bis zur Linie, spielt zu Nr. 3 und läuft zu Gruppe A.

Beachte beim Werfen, daß die Wurfhand hinter dem Ball ist.

Dosierung: _____

Passen und Fangen Übung ____

**Üben des Zuspiels in der Bewegung /
Verbesserung der Laufausdauer**

Lauft um die Keulen und spielt euch fortwährend den Ball zu.

Beachtet:
Oberkörper bei Ballannahme und
beim Wurf zum Partner drehen!
Die Füße zeigen dabei stets
in Laufrichtung!

Dosierung: _____

Passen und Fangen   Übung ____

**Üben des Zuspiels in der Bewegung /
Steigerung der Laufausdauer**

Spieler 1 läuft um die beiden Wendemarken.
Er wird von Nr. 2 angespielt und leitet den Ball an Nr. 3 weiter.

  2 und 3 bewegen sich am Ort.

Dosierung: _____

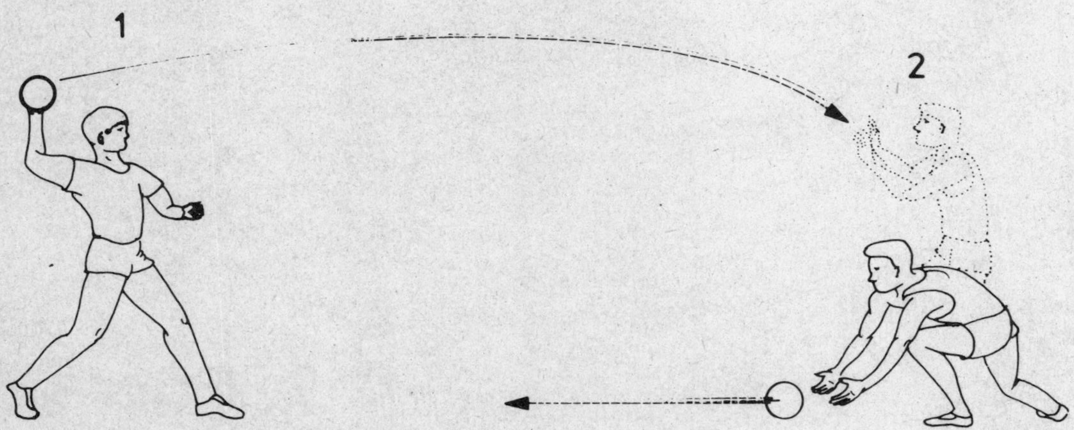

Passen und Fangen ─────── Übung ───────

Üben des Zuspiels und der Fangsicherheit / Verbesserung der Wurfausdauer

Nr. 1 wirft den Ball zu Nr. 2, Nr. 2 rollt ihn zurück.

Beim Werfen Ellbogen über **Schulterhöhe** führen. Abstand nicht zu gering wählen!

Dosierung: ───────

Passen und Fangen

Übung

Üben des indirekten Zuspiels / Verbessern der Reaktionsfähigkeit

Nr. 1 wirft den Ball an die Wand.
Nr. 2 soll ihn fangen.

Beachte: Nr. 2 darf sich erst umdrehen, wenn Nr. 1 geworfen hat.

Dosierung:

Passen und Fangen Übung ———

Üben des Zuspiels / Verbessern der Schnelligkeitsdauer

A wirft zu B.
B wirft zu C und läuft seinem Ball nach.
C wirft zu A, läuft selbst zur Mitte und erhält den Ball zurück.
C wirft zu A und läuft seinem Ball nach.
A wirft zu B und läuft selbst zur Mitte . . .

Beachte: Wende verschiedene Abspielarten an:
z. B. Schlagwurfpaß, Handgelenkpaß, Rückhandpaß.

Dosierung:

Passen und Fangen   Übung

Üben des Zuspiels / Verbesserung der Wurfausdauer

Nr. 1 hat alle Bälle und wirft sie nacheinander zu Nr. 2, dieser zu Nr. 3 usw. Der letzte Spieler sammelt die Bälle und beginnt dann neu.

Dosierung: ——————

Auf bewegliche Beinarbeit achten!

Passen und Fangen

Übung

Üben des Zuspiels
Werft durch den Reifen.

Der Reifen kann zwischen Turnringen, Tauen oder Ständern befestigt werden.

Dosierung:

Passen und Fangen   Übung ——

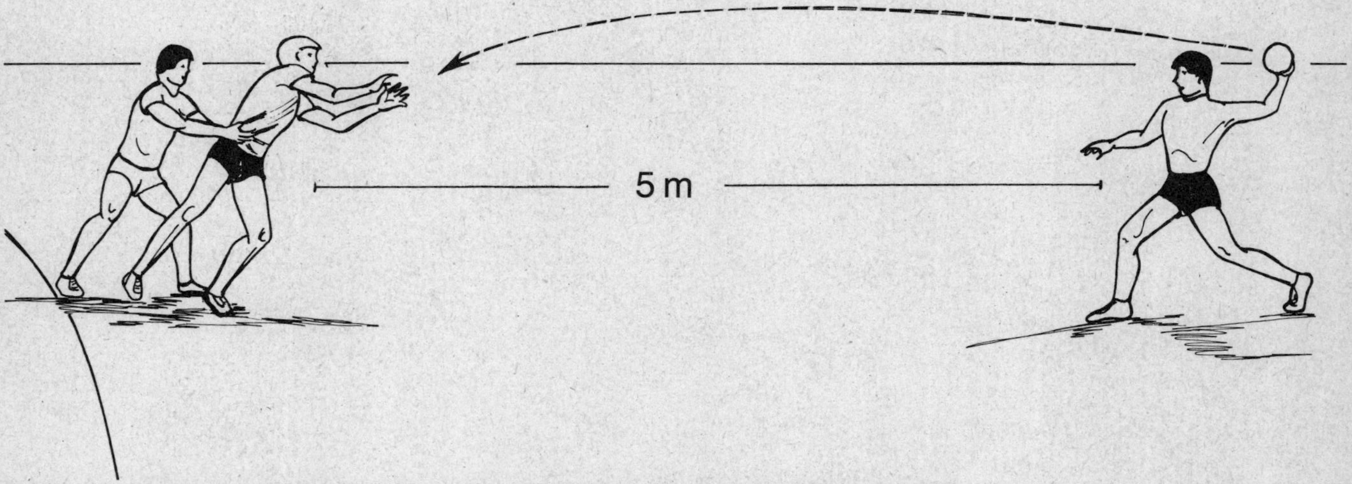

Üben des Zuspiels bei Behinderung durch einen Abwehrspieler

Nimm das Zuspiel deines Partners an, wenn dich der Abwehrspieler an der Hütte festhält.

Beachte: Mache bei der Ballannahme einen Schritt nach vorn. Wechsel nach 5 Wiederholungen.

Dosierung: _____

Passen und Fangen

Übung

Üben des Hakenwurfpasses

Spiele den Ball im Sprung mit Hakenwurf zum Kreisspieler. Dieser wirft aufs Tor.

Dosierung:

Passen und Fangen — Übung

Üben des Zuspiels in der Bewegung / Verbessern der Laufausdauer

Nr. 1 prellt am Torraum entlang und spielt zu Nr. 2.
Nr. 1 stellt sich hinter Gruppe B.
Nr. 2 prellt am Torraum entlang und spielt zu Nr. 3.
Nr. 2 stellt sich hinter Gruppe A.

Später mit 2 oder mehr Bällen üben!
In diesem Fall läuft Gruppe A an der Torraumlinie und Gruppe B an der Freiwurflinie entlang.

Dosierung:

72

Torwurf   **Übung** _____

Üben des Schlagwurfs / Verbessern der Wurfausdauer

Versucht, den Medizinball herunterzuwerfen.

                          Entfernung später vergrößern.

Dosierung: _____

Torwurf — Übung

Üben des Schlagwurfs / Verbesserung der Wurfkraft

Wirf aus weiter Entfernung in das gegenüberstehende Tor.

Beachte: Wurfhand lange am Ball lassen.

Dosierung: ───────────

74

Torwurf Übung ⎯⎯⎯⎯

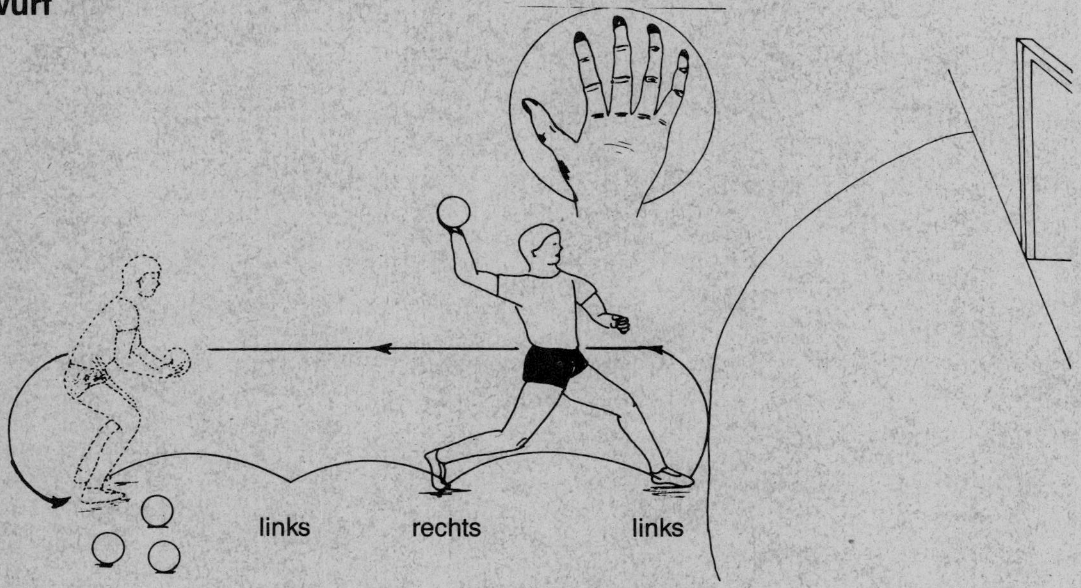

Üben des Schlagwurfs / Verbesserung der Wurfausdauer

Wirf nach einem Dreischrittanlauf ins obere Toreck.
Achte auf einen großen Stemmschritt.
Halte die Wurfhand genau hinter dem Ball.

Dosierung: ⎯⎯⎯⎯⎯⎯⎯⎯⎯⎯⎯⎯⎯⎯⎯⎯

Torwurf ──────────── Übung ────

Üben des Schlagwurfs und der Ballaufnahme aus dem Lauf

Nimm die an der Freiwurflinie liegenden Bälle aus dem Lauf auf und wirf dann aufs Tor.

Beachte: Bei der Ballaufnahme nicht abstoppen! Ellbogen am Kopf vorbeiführen!

Dosierung: ─────

Torwurf   Übung

Üben des Schlagwurfs und Verbesserung der Wurfausdauer

Prelle auf das Tor zu.
Führe am Torraum einen Schlagwurf aus.
Laufe zurück und nimm den nächsten Ball.

Achte auf eine explosive Beinstreckung!

Dosierung:

Torwurf — Übung

Üben des Schlagwurfs / Entwicklung der Wurfausdauer

Prelle auf das 1. Tor zu.
Wirf über das 1. Tor unter die Latte des 2. Tores.

Beachte: Das vordere Bein wird beim Abwurf gestreckt. Keine Bogenwürfe ausführen!

Dosierung:

Torwurf   Übung ____

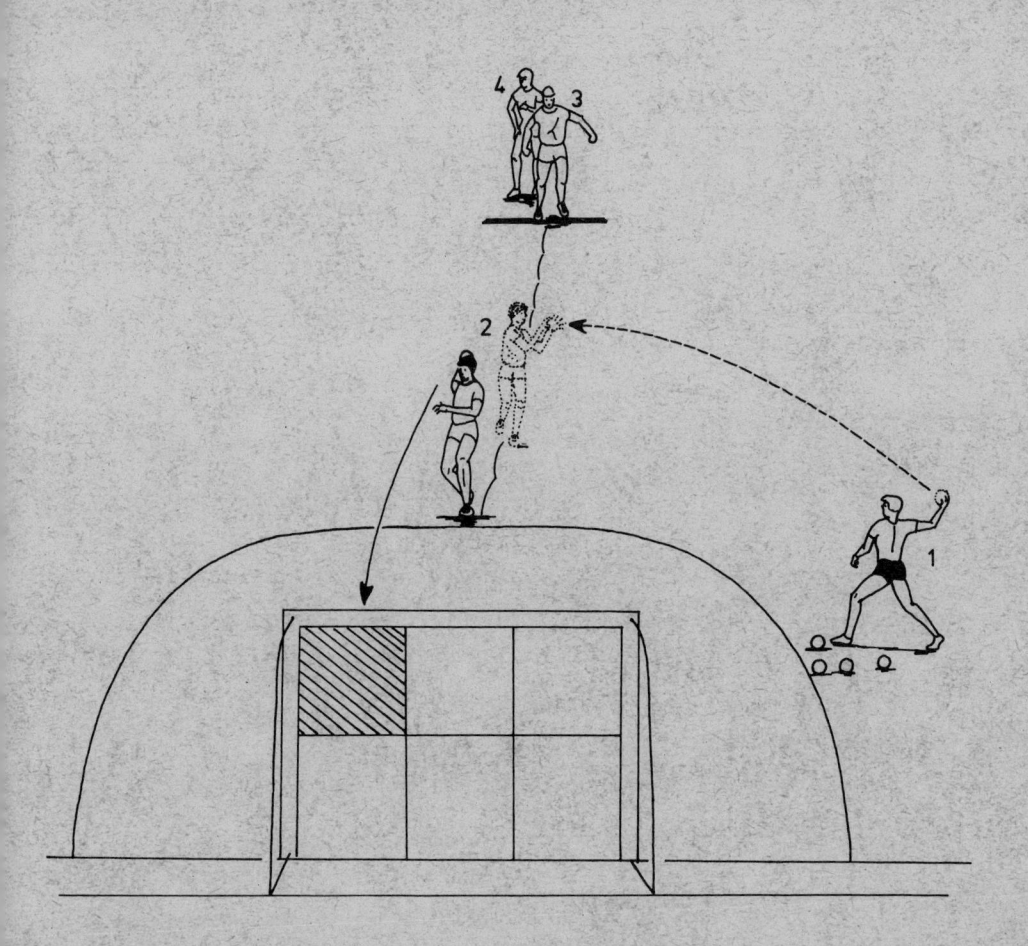

Üben des Schlagwurfs nach Zuspiel

1 wirft zu 2.
2 fängt im Lauf und wirft mit Schlagwurf aufs Tor.
Dann übt 1 mit 3.

Dosierung: _____

Torwurf   **Übung** _____

Verbesserung des Zuspiels und des Schlagwurfs

Nr. 1 spielt zu Spieler A und läuft aufs Tor zu.
1 erhält den Ball zurück und wirft aufs Tor.

                               Achtet auf **genaues** Zuspiel.

Dosierung: _____

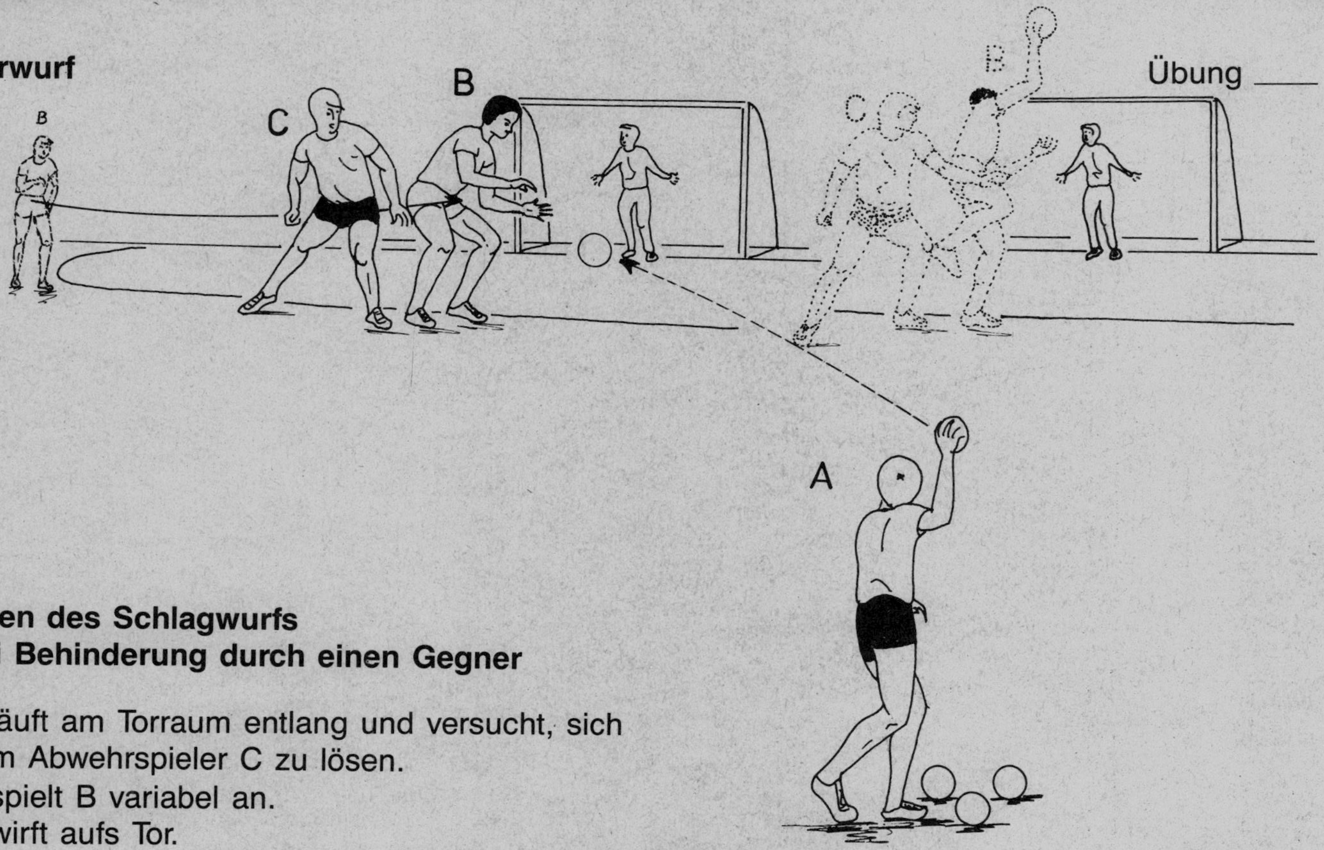

Torwurf

Übung

Üben des Schlagwurfs bei Behinderung durch einen Gegner

B läuft am Torraum entlang und versucht, sich vom Abwehrspieler C zu lösen.
A spielt B variabel an.
B wirft aufs Tor.

Dosierung:

Beachte: C spielt mit geringem Abwehreinsatz.

81

Torwurf Übung ____

Üben des Sprungwurfs

Nr. 1 wirft zu Nr. 2.
Nr. 2 fängt, macht mit dem Sprungbein **einen Schritt** zum Tor, springt ab und wirft.
Dann übt Nr. 3 usw.

Linkshänder üben von der anderen Seite.

Dosierung: _____

82

Torwurf Übung ____

Üben des Sprungwurfs aus dem Lauf

Nr. 1 spielt zu Nr. 2.
Nr. 2 läuft in der Dreischrittfolge links-rechts-links und wirft mit Sprungwurf aufs Tor.
Dann übt Nr. 3.

Linkshänder üben von der anderen Seite und beachten die Schrittfolge rechts-links-rechts.

Dosierung: ____

Torwurf — Übung

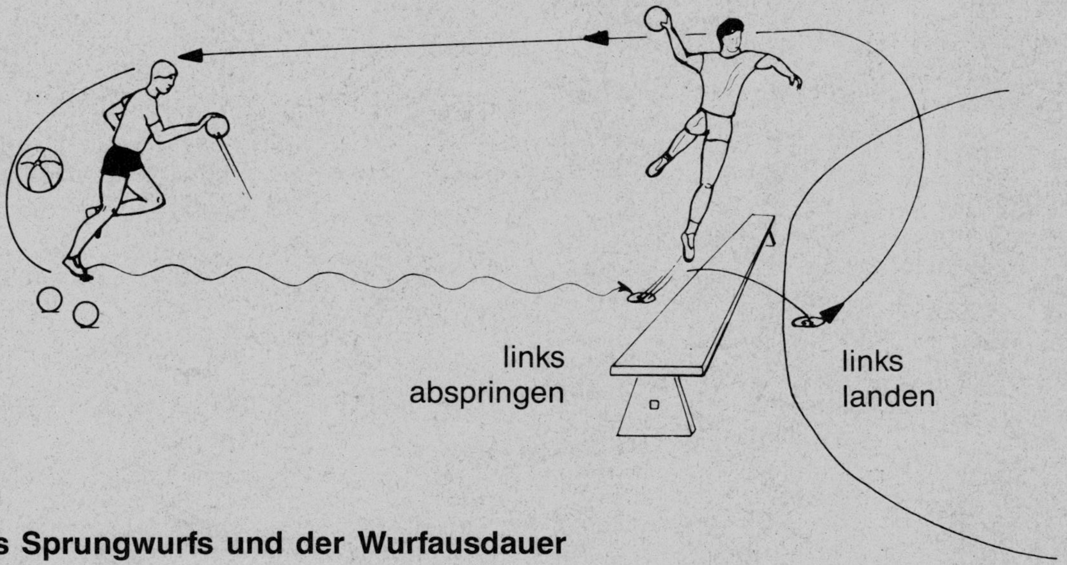

Üben des Sprungwurfs und der Wurfausdauer

Prelle auf das Tor zu.
Springe links über das Hindernis und wirf dabei aufs Tor.
Lande links.

links abspringen

links landen

Dosierung: Linkshänder springen rechts — rechts.

Torwurf ——————————— Übung ———————

links

links

Üben des Sprungwurfs und der Ballaufnahme aus dem Lauf

Nimm die vor der Freiwurflinie liegenden Bälle aus dem Lauf auf.
Wirf nach 3 Schritten im Sprungwurf aufs Tor.

Beachte: Bei der Ballaufnahme nicht abstoppen!
Am höchsten Punkt des Sprungs abwerfen.

Dosierung: ———————————

85

Torwurf Übung

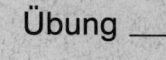

Üben des Sprungwurfs aus dem Anlauf nach Zuspiel

1 läuft an.
2 spielt 1 den Ball zu.
1 wirft mit Sprungwurf aufs Tor.
Dann übt 3.

Dosierung:

Torwurf　　　　　　　　　　　　　　　　　　　　Übung _____

Verbesserung des Sprungwurfs und der Zuspielgenauigkeit

Nr. 1 wirft zu Spieler A und läuft zum Torraum.
A paßt zu Nr. 1.
Nr. 1 fängt und wirft mit Sprungwurf aufs Tor.

Dosierung: _____

Torwurf	Übung

Üben des Sprungwurfs / Entwicklung der Sprungausdauer

Prelle auf das 1. Tor zu.
Springe ab und wirf scharf über das 1. Tor unter die Latte des 2. Tores.

Beachte: Links abspringen und links landen oder umgekehrt.
Am höchsten Punkt abwerfen!

Dosierung: ───────

Torwurf Übung

Üben des Sprungwurfs / Verbessern der Gewandtheit

Prelle durch die Slalombahn.
Wirf im Sprungwurf auf das Tor.

Dosierung:

Beachte: Springe zum 4-m-Punkt!
Rechtshänder springen links ab.

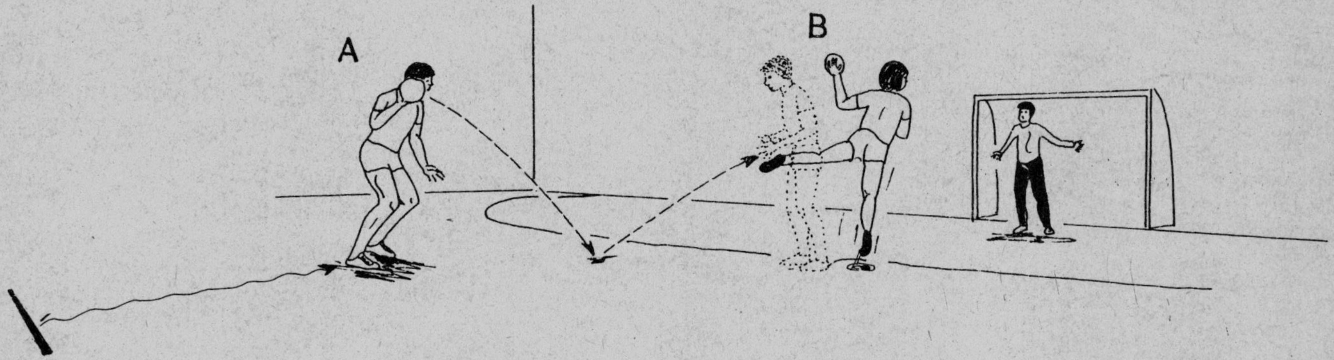

Torwurf   Übung ——

Üben des Sprungwurfs und der Zuspielgenauigkeit

A prellt auf die Freiwurflinie zu und spielt mit indirektem Paß zu B.
B nimmt an und wirft sofort mit Sprungwurf aufs Tor.

Dosierung:

Torwurf   **Übung** ———

Üben des Sprungwurfs mit dem „falschen" Bein / Verbessern der Gewandtheit

Prelle durch die Slalombahn.
Springe mit dem „falschen" Bein ab und wirf mit Sprungwurf aufs Tor.

Beachte: Rechtshänder üben von links und springen rechts ab.
Linkshänder üben von rechts und springen links ab.

Dosierung: ———

Torwurf   Übung ___

Üben des Schlagwurfs in Bodennähe

Wirf unter der Schnur durch und versuche, einen Medizinball zu treffen.

                         Übe anfangs aus dem Stand,
                         später aus einem kurzen Anlauf.

Dosierung: _____

Torwurf Übung ____

Üben des Schlagwurfs in Bodennähe

Nimm den Ball aus dem Lauf auf und wirf sofort
in Bodennähe aufs Tor.
Mache dazu einen großen Stemmschritt und beuge dich
weit zur Wurfhandseite.

Dosierung: _____

Torwurf Übung ____

Üben des Schlagwurfs in Bodennähe bei Behinderung

Prelle den Ball und wirf in Bodennähe ab.

> **Beachte:**
> Vermeide engen Kontakt zum Gegenspieler.

Dosierung: _____

Torwurf Übung ____

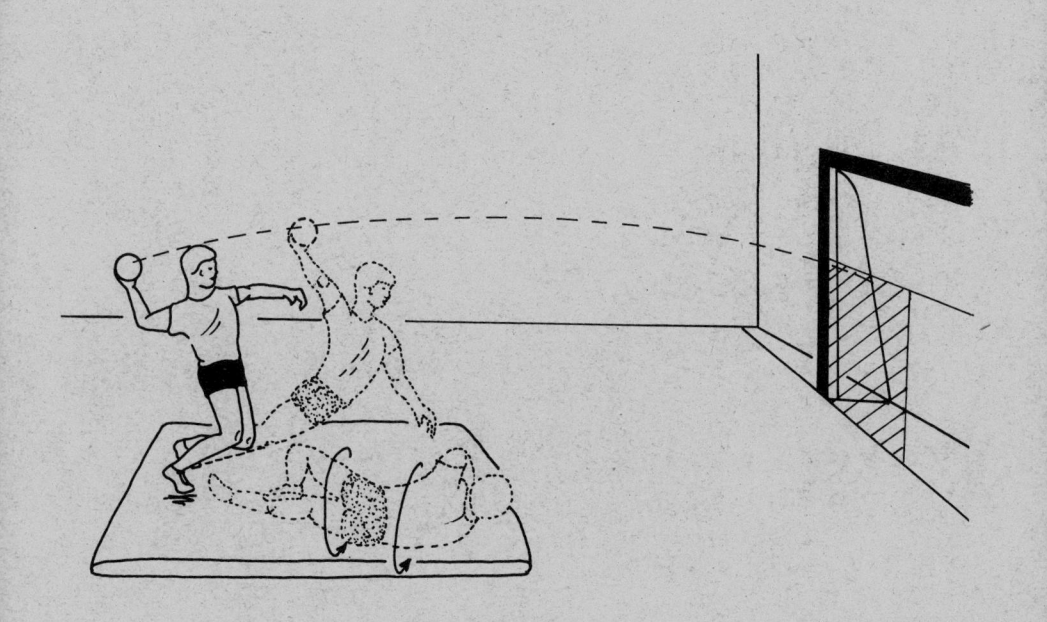

Üben des frontalen Fallwurfs / Entwicklung der Wurfkraft

Laß dich nach vorn fallen und wirf ins untere Toreck.
Rolle dabei über die Wurfarmseite ab.

Beachte: Möglichst **spät** abwerfen!

Dosierung: _____

Torwurf ――――――――――――――――――――――――― **Übung** ――

Üben des frontalen Fallwurfs / Entwicklung der Wurfkraft

Gehe oder laufe an.
Rolle bei Bodenkontakt über die rechte Körperseite ab.

Dosierung:

Beachte: Möglichst **spät** abwerfen!

Torwurf   Übung ____

Üben des Seitfallwurfs entgegengesetzt zum Wurfarm / Schulung der Wurfgewandtheit

Hole weit aus und knicke in der Hüfte nach links ab (Rechtshänder).
Laß dich zur Seite fallen und wirf möglichst spät ab.
Rolle dann ab.

Dosierung: _____

Torwurf Übung ____

Üben des Seitfallwurfs zur Wurfarmseite mit dem „falschen Bein" / Schulung der Wurfgewandtheit

Mache rechts einen Ausfallschritt nach vorn auf die Matte.
Laß dich dann zur Wurfarmseite fallen.
Wirf möglichst **spät** und rolle ab.

Dosierung: _____

Torwurf Übung ____

Üben des Seitfallwurfs entgegengesetzt zum Wurfarm / Schulung der Gewandtheit

Prelle im Bogen auf den Abwehrspieler zu.
Laß dich entgegengesetzt zum Wurfarm fallen und wirf spät aufs Tor.

Beachte: Löse dich vom Gegner durch **seitlich-rückwärtiges** Fallen.

Dosierung: _____

Torwurf   **Übung** ____

Üben des Seitfallwurfs zur Wurfarmseite / Schulung der Gewandtheit

Prelle auf den Abwehrspieler zu.
Laß dich **zur Wurfarmseite fallen** und wirf **spät** aufs Tor.

                    Beachte: Linkshänder üben von rechts.
                                Rechtshänder üben von links.
                                Mit „falschem" Standbein werfen!

Dosierung: _____

Torwurf Übung ____

Üben des Seitfallwurfs nach Wurffinte bei Behinderung

Der Angreifer täuscht einen Wurf zur Wurfhandseite an und führt dann einen Seitfallwurf zur anderen Seite aus.
Der Verteidiger begleitet die Bewegungen seines Gegners und versucht, den Torwurf zu stören.

Beachte:
Der Torwart steht in der ungedeckten Ecke.

Dosierung: _____

Torwurf Übung ____

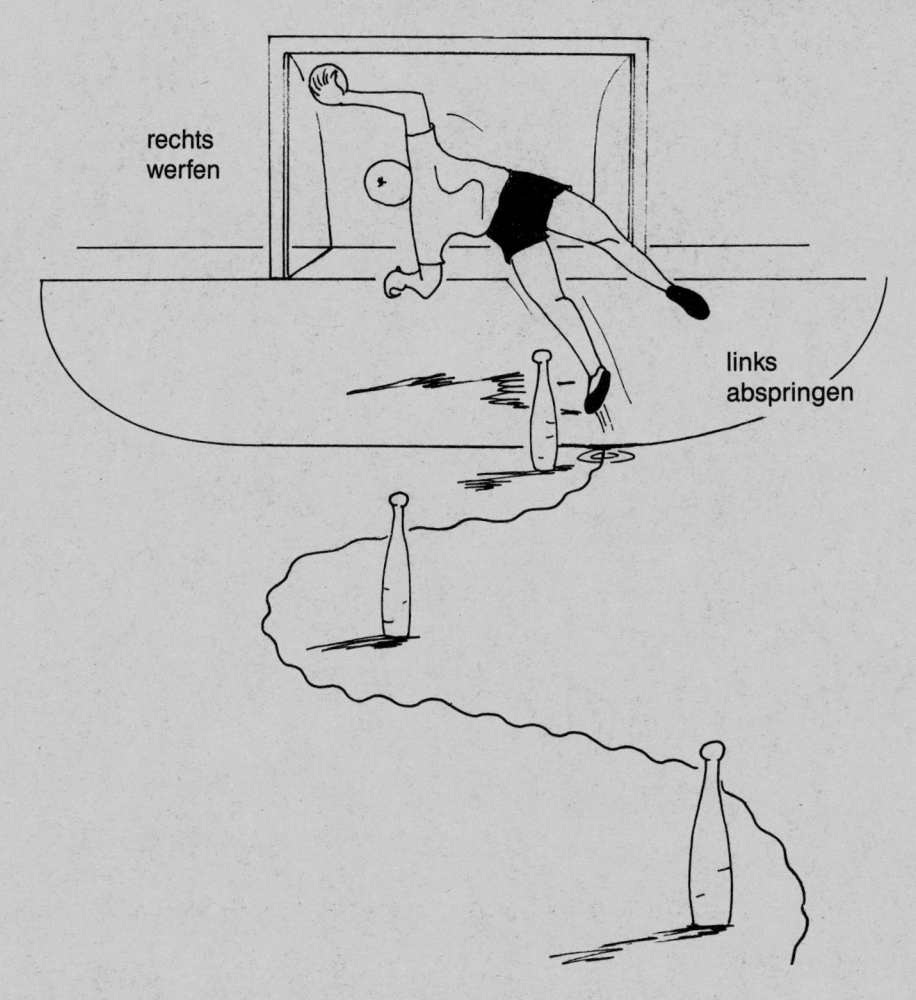

rechts werfen

links abspringen

Üben des Seitfallwurfs entgegengesetzt zur Wurfarmseite/ Verbessern der Gewandtheit

Prelle durch die Slalombahn.
Führe einen Knick- oder einen Sprungfallwurf entgegengesetzt zur Wurfarmseite aus.
Springe dazu links ab und wirf rechts.

Dosierung: _____

Torwurf

Übung ———

Hand nach außen drehen

links abdrücken

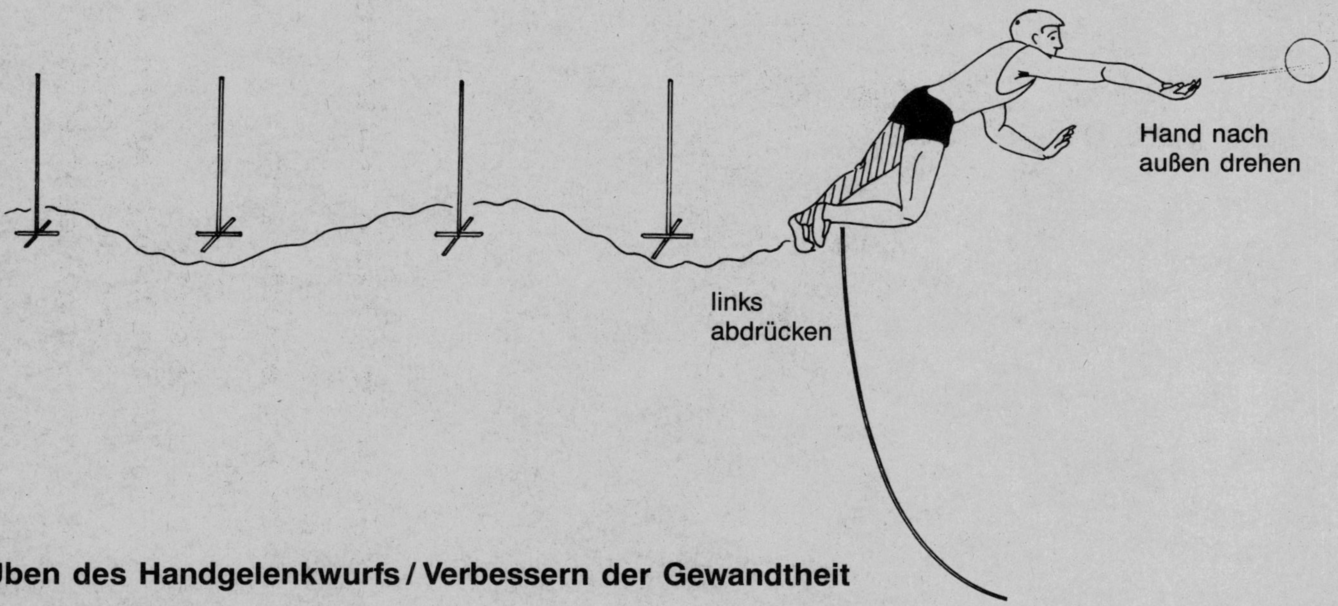

Üben des Handgelenkwurfs / Verbessern der Gewandtheit

Prelle durch die Slalombahn.
Führe einen Handgelenkwurf aus.

Beachte: Drücke dich als Rechtshänder links ab und laß dich in den Torraum fallen. Strecke den Wurfarm und drehe beim Abwurf die Wurfhand nach außen.

103

Torwurf   Übung ____

Üben des Rückhandwurfs / Verbessern der Gewandtheit

Prelle auf den Torraum zu.
Wirf mit Rückhandwurf über Kopfhöhe aufs Tor.
Schaue dem Ball nach.

                 Beachte:
                 Die Drehung beginnt beim Rechtshänder auf dem rechten Fuß und wird auf dem linken vollendet.

Dosierung: _____

Torwartverhalten   Übung ____

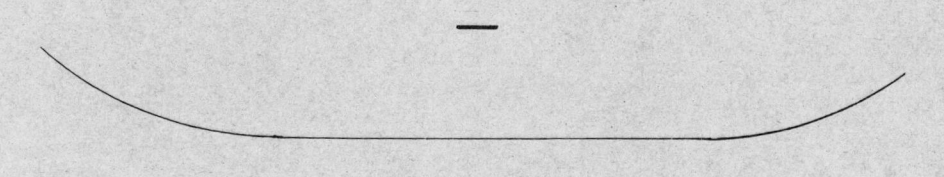

Üben des Torwartverhaltens beim 7-m-Wurf

Bereitschaftsstellung des Torwarts:
— Knie und Oberkörper leicht gebeugt;
— Arme leicht nach oben-außen gewinkelt.
Größer werden, wenn der Ballbesitzer ausholt.

Achtung:
Wurfgewohnheiten des Ballbesitzers studieren und Position zwischen 4-m-Punkt und Torlinie danach einrichten.

Dosierung: _____

Torwartverhalten   **Übung** _____

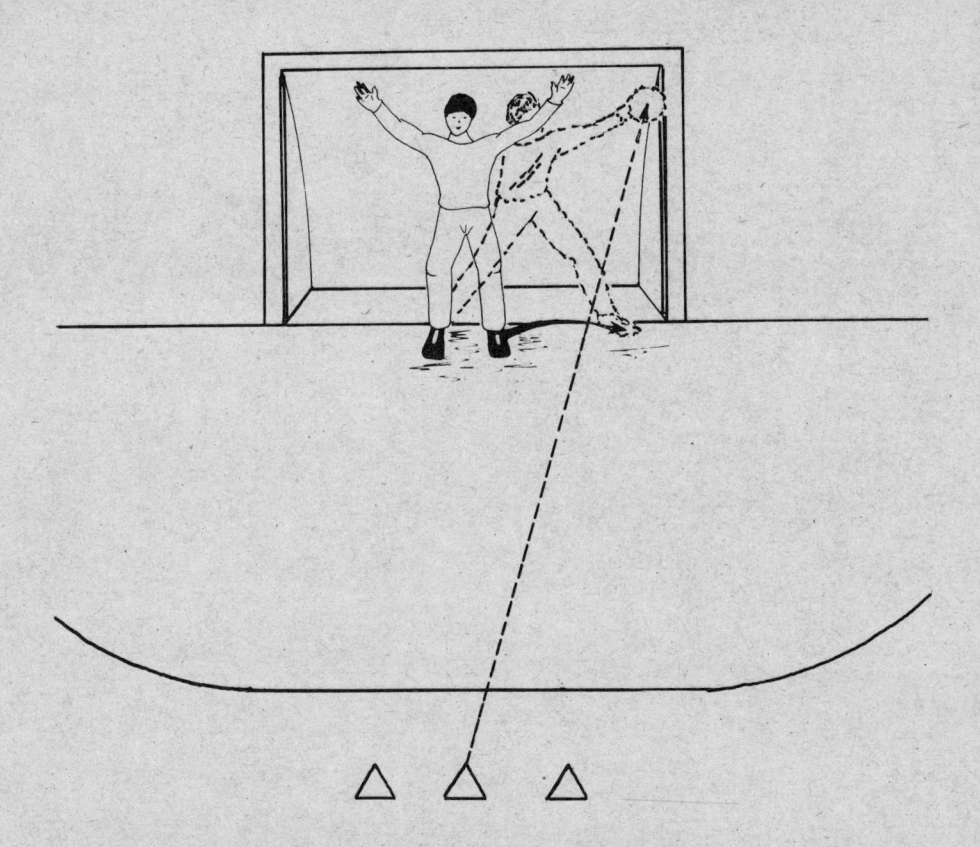

**Verbessern des Torwartverhaltens
bei hohen Würfen von vorn**

Beobachte den Ballbesitzer genau.
Wehre hohe Bälle möglichst **mit langem Arm** ab.

Beachte:
Die Abwehr wird durch einen **Schritt**
in die Bewegungsrichtung eingeleitet!

Dosierung: _____

Torwartverhalten Übung ____

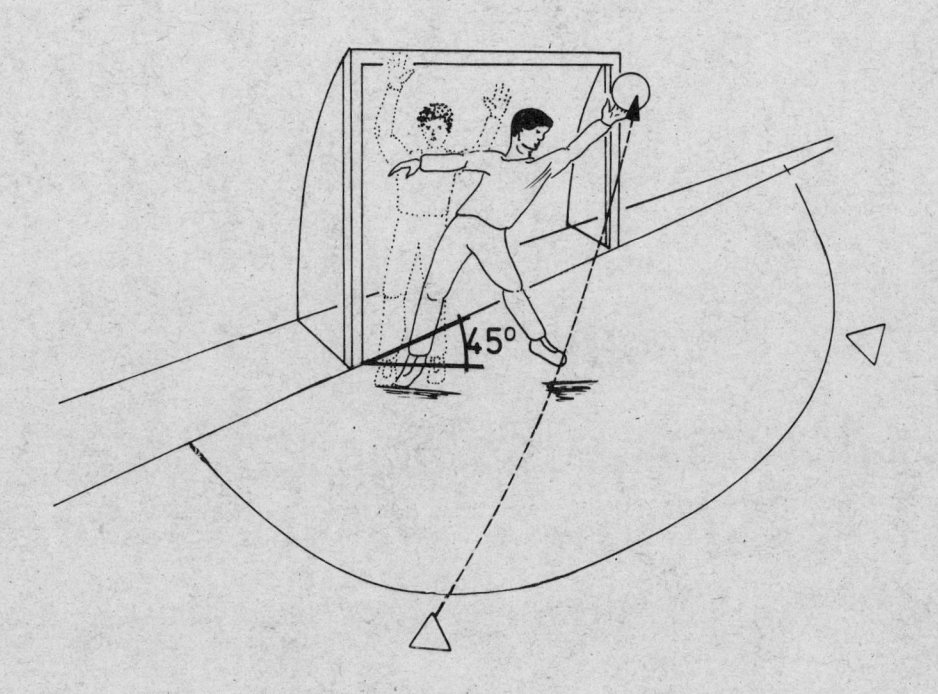

**Verbessern des Torwartverhaltens
bei hohen Würfen aus Außenpositionen**

Stelle dich in die **kurze Ecke**.
Drehe dabei die **Hüftachse etwa 45° zur Torlinie**.
Wehre hohe Bälle mit **langem** Arm ab.
Mache, falls erforderlich, einen **Nachstellschritt** zum Ball hin.

Dosierung: _____

Torwartverhalten Übung ____

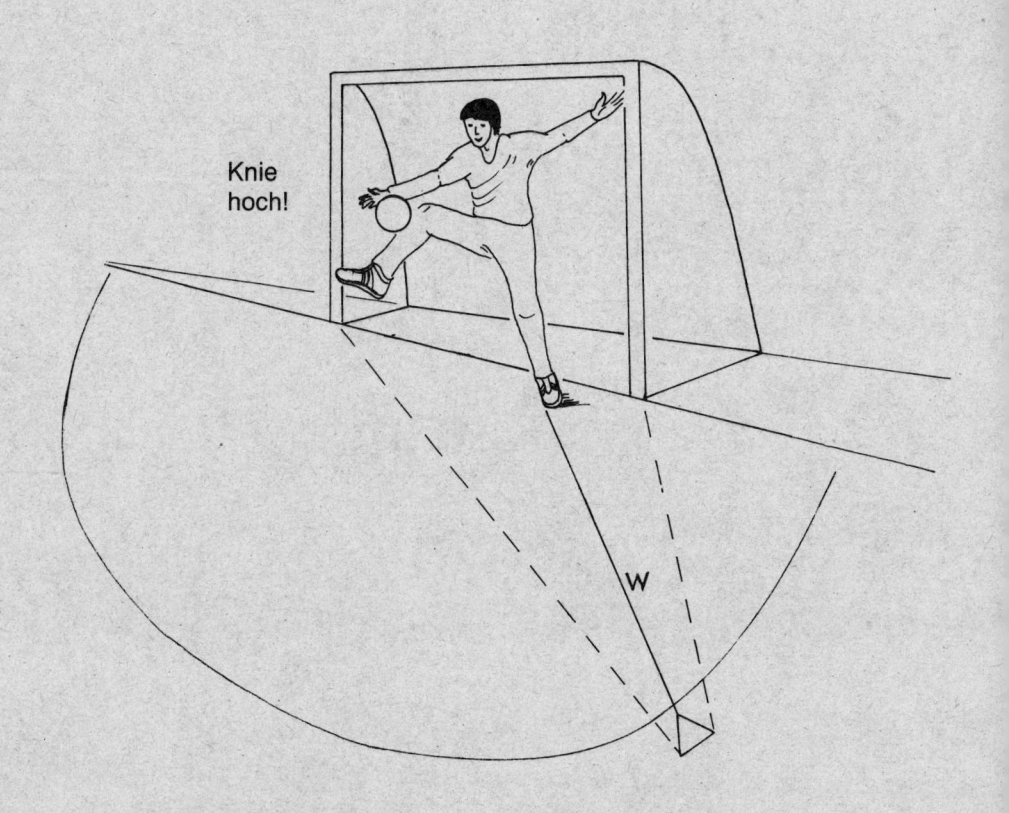

Knie hoch!

W

**Üben des Torwartverhaltens
bei halbhohen Würfen aus den Außenpositionen**

Stelle dich in die **kurze Ecke** (Winkelhalbierende „W").
Wehre halbhohe Bälle aus dem **angewinkelten Bein** heraus ab.
Sichere zusätzlich mit der Hand.

Dosierung: _____

Torwartverhalten   Übung ____

Verbessern des Torwartverhaltens bei halbhohen Bällen

Beobachte den Schützen genau.
Wehre halbhohe Bälle in Pfostennähe mit langem Bein und Handsicherung ab.
                         Unterschenkel auskicken!

Dosierung: _____

Torwartverhalten   **Übung** ____

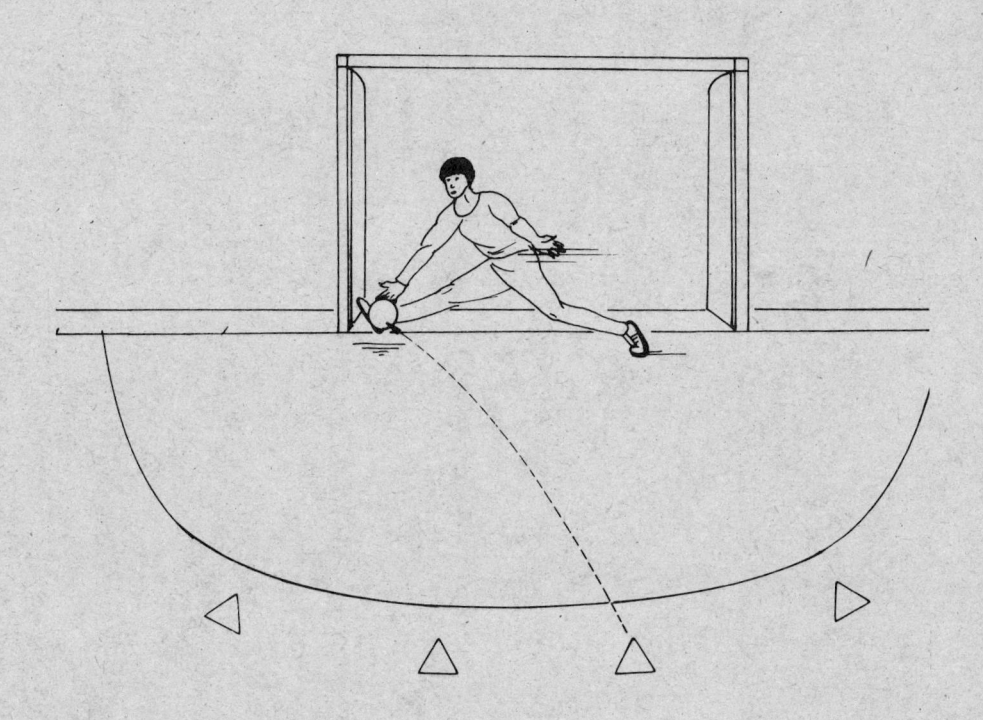

Verbessern des Torwartverhaltens bei flachen Bällen

Beobachte den Ballbesitzer genau.
Wehre flache Bälle durch **Spagatschritt** mit **Handsicherung** ab.

Dosierung: _____

Torwartverhalten   Übung ____

Üben des Torwartverhaltens bei angetäuschten Würfen

Der Ballbesitzer läuft von der Außenposition an.
Er täuscht einen Torwurf an, spielt dann aber durch den Torraum zu einem Partner oder wirft selbst aufs Tor.
Der Torwart bringt sich durch **Nachstellschritte** in die beste Position.

Dosierung: ____

Torwartverhalten   Übung ____

Schulung von Konzentration und Kooperation

Jeder Torwart wehrt die Bälle ab, die auf die eigene Torhälfte kommen.

Beachte: Bewegliche Beinarbeit!
Hohe Bälle möglichst fangen!

Dosierung: _____

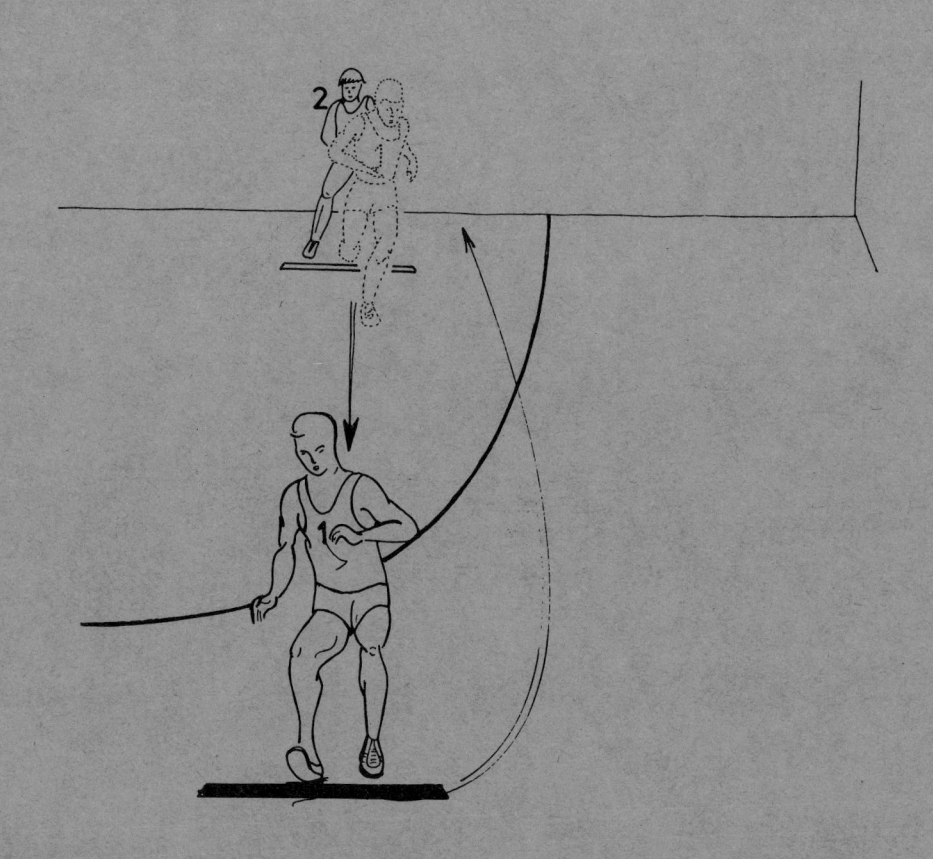

Spezielle Kondition   Übung ____

Verbesserung der Schnelligkeit ohne Ball

Nr. 1 sprintet bis zur Markierung, stoppt plötzlich ab und **läuft** zurück.
Dann übt Nr. 2.

Dosierung: _____

Spezielle Kondition Übung ____

Schulung der Sprungkraft und der Sprunggewandtheit

Springe seitlich und beidbeinig über eine Langbank.

Dosierung: _____

Spezielle Kondition Übung ____

Verbesserung der Schnelligkeit und der Gewandtheit

Lauft im Slalom zwischen den Stangen hindurch.
Achtet auf hohes Tempo.

Dosierung: _____

Spezielle Kondition Übung ____

Verbessern der Kraftausdauer

Führe Abwehrbewegungen durch, wenn dich dein Partner an der Hüfte festhält.

Abwehrbewegungen als Nachstellschritte zur Seite, nach vorn und nach hinten ausführen.

Dosierung: _____

Spezielle Kondition Übung ―――

Kräftigung der Rücken- und der Armmuskulatur

Wirf den Medizinball an die Wand und fang ihn wieder auf.

Dosierung: ―――

Spezielle Kondition   **Übung** ____

**Entwicklung der Rumpfkraft /
Verbessern der Beweglichkeit der Wirbelsäule**

Beuge dich weit zurück und schwinge den Medizinball durch die gegrätschten Beine.

Dosierung: _____

Spezielle Kondition Übung ____

**Entwicklung der Wurfkraft
und Kräftigung der Rumpfmuskulatur**

Beuge dich weit zurück und wirf den Medizinball an die Wand.
Anschließend fangen!

Dosierung: _____

Spezielle Kondition Übung ____

Schulung der Arm- und Rumpfkraft
Werft euch den Medizinball beidhändig zu.

Dosierung: _____

Spezielle Kondition　　　　　　　　　　　　　　　　　Übung ____

Kräftigung der Bauch- und der Schultermuskulatur

Lege dich auf den Rücken.
Richte dich mit dem Medizinball auf und wirf an die Wand.
Versuche anschließend den Ball zu fangen.

Dosierung: _____

Spezielle Kondition   Übung ____

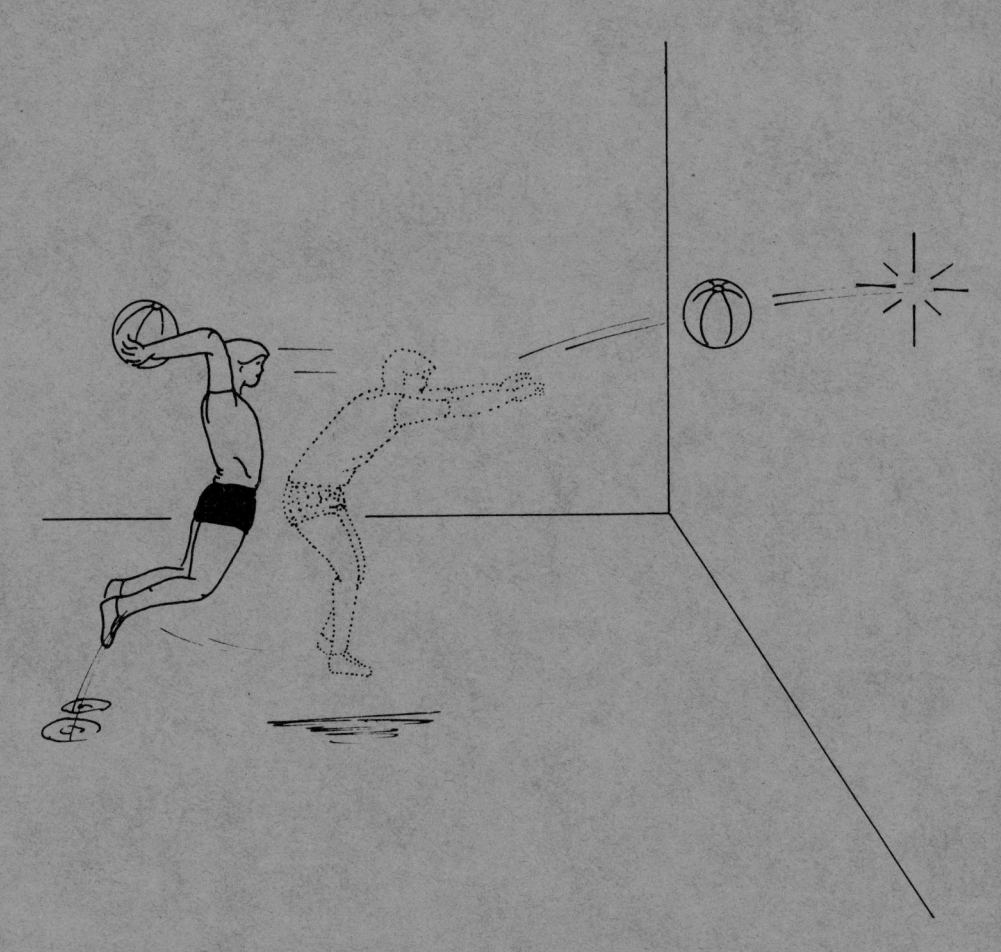

Entwicklung der Wurf- und Sprungkraft

Springe mit beiden Beinen hoch und wirf den Medizinball an die Wand.
Versuche, den Ball anschließend zu fangen.
                  Übe später auch aus einem kurzen Anlauf.

Dosierung: _____

Spezielle Kondition　　　　　　　　　　　　　Übung ____

Kräftigung der Bauchmuskeln

Schleudere den Medizinball **hoch** zur Wand.
Versuche, ihn zu fangen.

Dosierung: _____

Spezielle Kondition Übung ____

Verbessern der Armkraft

Prelle den Gummi-Medizinball bis über Kopfhöhe.

Dosierung: _____

Spezielle Kondition Übung ____

Verbessern der Armkraft und der Gewandtheit

Prelle im Seitgalopp.

Der Ball soll nicht geschlagen, sondern nach unten **gedrückt** werden.

Dosierung: _____

Spezielle Kondition   Übung ____

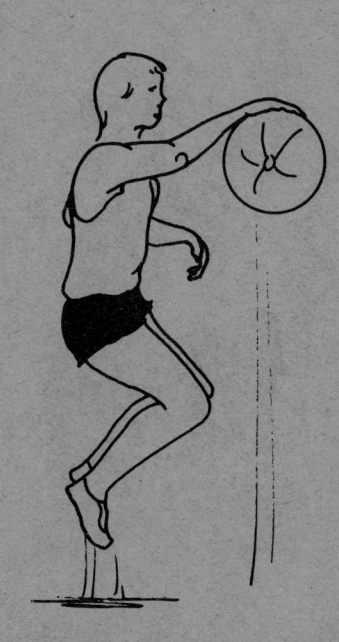

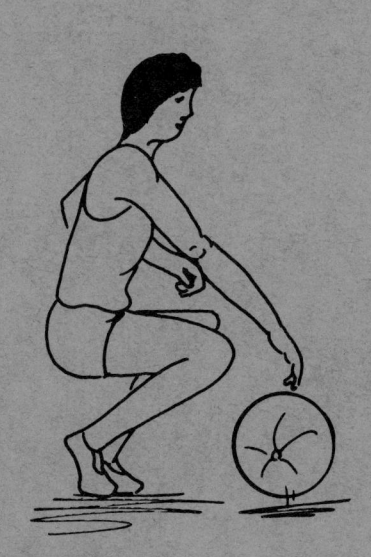

Kräftigung der Arm- und Beinmuskulatur

Hüpfe in der tiefen Hocke und prelle dabei den Medizinball.

Dosierung: _____

Spezielle Kondition   Übung ____

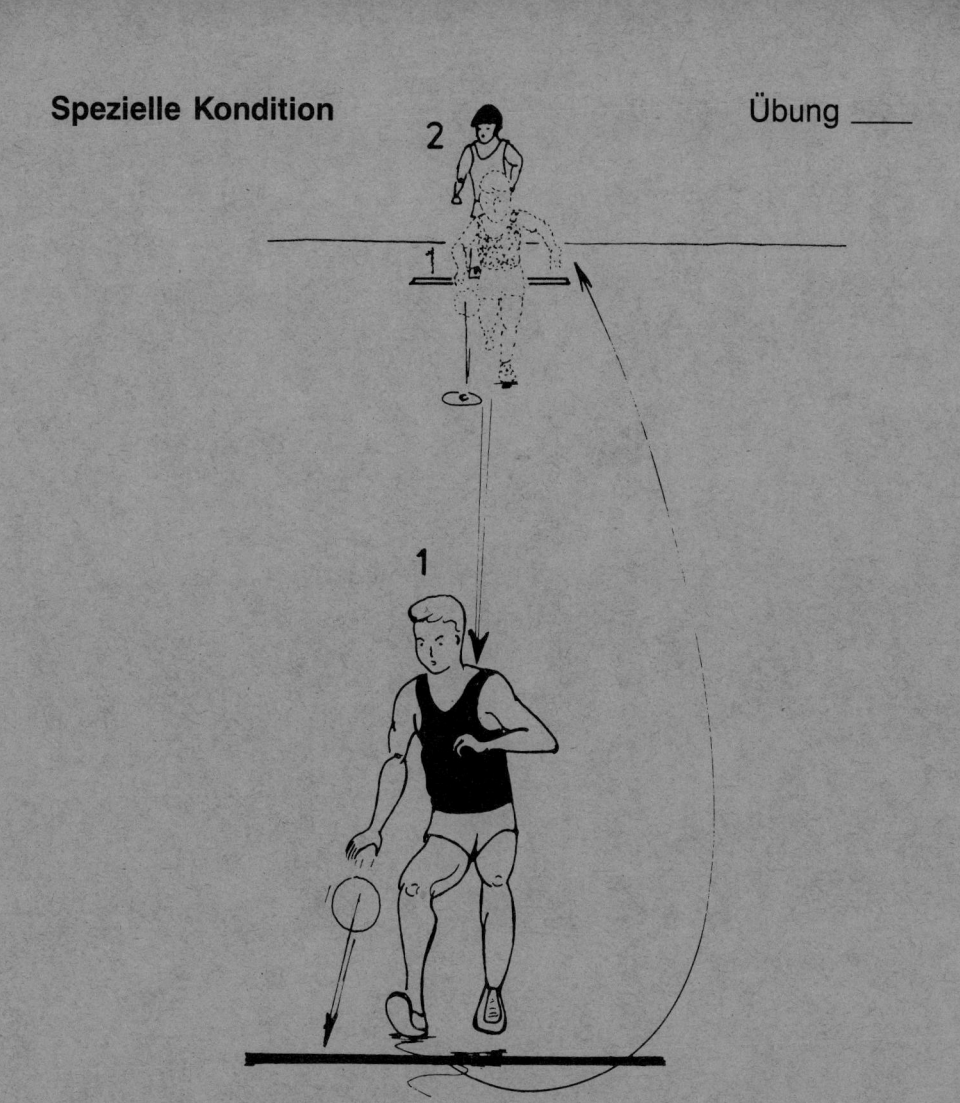

Entwicklung der Schnelligkeit mit Ball

Nr. 1 sprintet bis zur Markierung und prellt dabei den Ball.
Er stoppt an der Marke ab und läuft zurück.
Dann übt Nr. 2.

Dosierung: _____

Spezielle Kondition Übung ____

Entwicklung der Kraft und der Gewandtheit

Prelle den Medizinball durch den Slalomkurs.

Abstände der Stangen: ca. 2 m.
Stets mit der Außenhand prellen.

Dosierung: _____

Angriffsverhalten   Übung ____

Üben des Zweierwechsels

Lauft gleichzeitig von der Mittellinie los.
Nr. 1 prellt schräg nach vorn bis zur Wechselmarke, stoppt und spielt mit Hüftschwungpaß zu Nr. 2.

Dosierung: _____

Angriffsverhalten

Übung ____

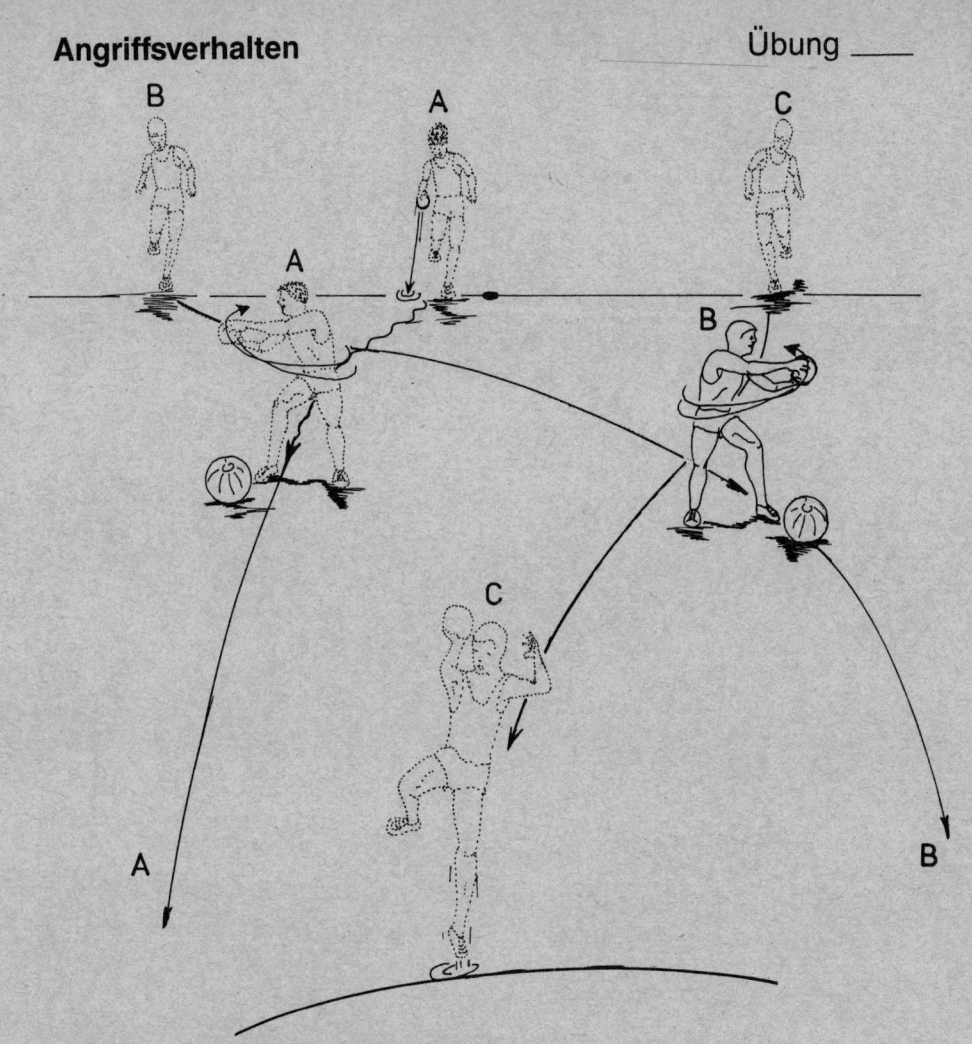

Üben des Dreierwechsels

A, B und C laufen gleichzeitig von der Mittellinie los.
A prellt bis zum Medizinball, stoppt und spielt beidhändig zu B.
B läuft **hinter** A vorbei, prellt bis zum 2. Medizinball, stoppt und spielt C beidhändig an.
C läuft **hinter** B vorbei und wirft aufs Tor.

Dosierung: ____

Angriffsverhalten Übung ____

Üben der Sperre

Angriffsspieler A paßt zu B und startet zu Abwehrspieler C.
A nimmt Sperrstellung schräg hinter C ein.
B wartet bis A Sperrstellung eingenommen hat,
führt dann eine Finte nach links aus und umläuft die Sperre.

Dosierung: _____

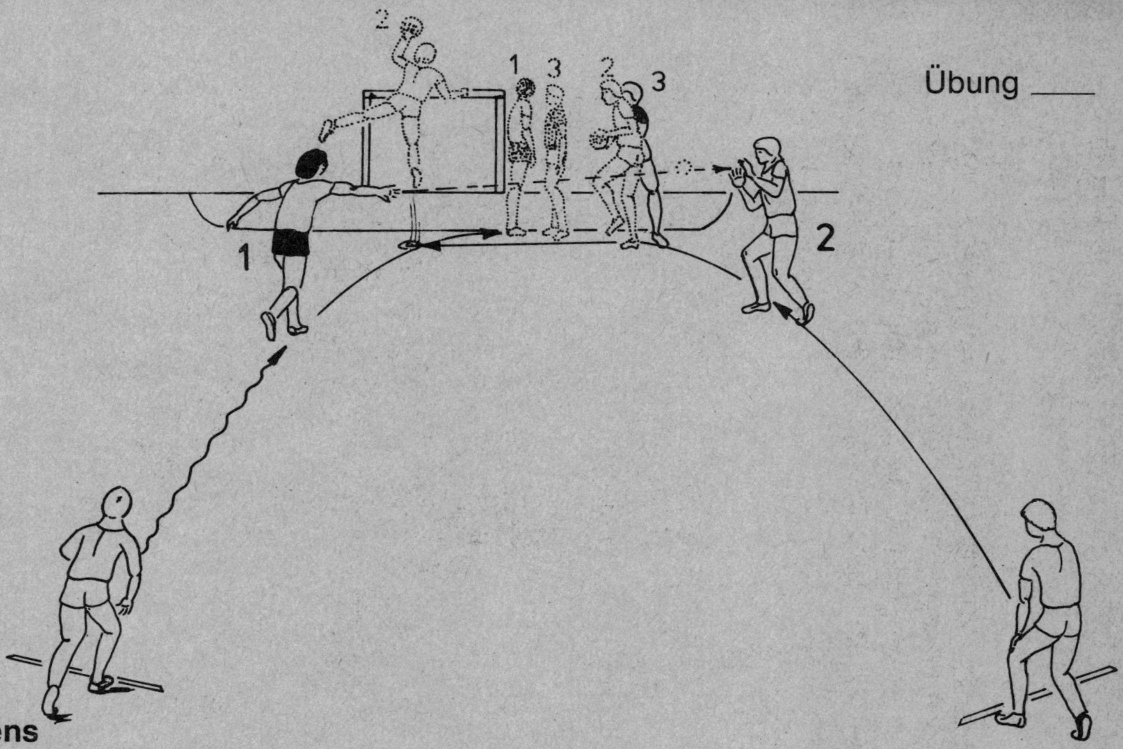

Angriffsverhalten — Übung

Üben des Kreuzens

Spieler 1 prellt steil zum 7-Meter-Punkt und spielt den gegenlaufenden Spieler 2 an. Dieser wirft aufs Tor.
Nr. 1 versucht gleichzeitig, den Verteidiger (Nr. 3) zu sperren.

Dosierung: —

Angriffsverhalten — Übung

Üben des Zuspiels / Verbessern der Laufausdauer

Spielt den Ball entgegengesetzt zum Uhrzeigersinn und lauft weg.

Laufwege: 1 zu 4, 2 zu 5, 3 zu 6, 6 zu 2.

Variation: Wir bringen 2, später 3 Bälle ins Spiel.

Dosierung:

Angriffsverhalten

Übung ——

Üben des Zuspiels im Rückraum mit Täuschbewegungen / Schulung der Wurfgewandtheit

1 und 2 spielen sich den Ball im Rückraum zu.
1 täuscht einen Torwurf an und spielt zu 2.
2 wirft nach Körpertäuschung aufs Tor.

Beachtet: Verschiedene Zuspiel- und Torwurfmöglichkeiten erproben!

Dosierung: ——

Angriffsverhalten

Üben des Zuspiels im Rückraum mit Täuschbewegungen / Schulung der Wurfgewandtheit

A spielt zu 1.1 und 2 spielen sich den Ball im Rückraum zu. Beide versuchen, die Abwehrspieler herauszulocken. Der Spieler in günstiger Wurfposition wirft aufs Tor.

Dosierung:

Angriffsverhalten   Übung ____

Schulung des Zusammenspiels zwischen Rückraum- und Kreisspielern

1 spielt zu 2 und stellt sich hinter Gruppe B.
2 spielt zu 3 und stellt sich hinter Gruppe C.
3 prellt nach vorn und spielt zu 4 und nimmt den Platz von 4 ein.
4 löst sich vom Verteidiger und wirft aufs Tor.
4 stellt sich hinter Gruppe D.
Dann üben 5, 6, 7 und 8.

Dosierung: _____

Angriffsverhalten Übung ____

Üben des Zusammenspiels zwischen Rückraum- und Kreisspielern

1 spielt zu 2 und läuft am Torraum entlang.
2 spielt zu 3, der den Kreisläufer 1 anspielt.
1 spielt zu 4.
4 leitet den Rückweg ein.

Beachte: Die Spieler 2 und 3 nehmen den Ball in der Vorwärtsbewegung an.

Dosierung: _____

Angriffsverhalten Übung ____

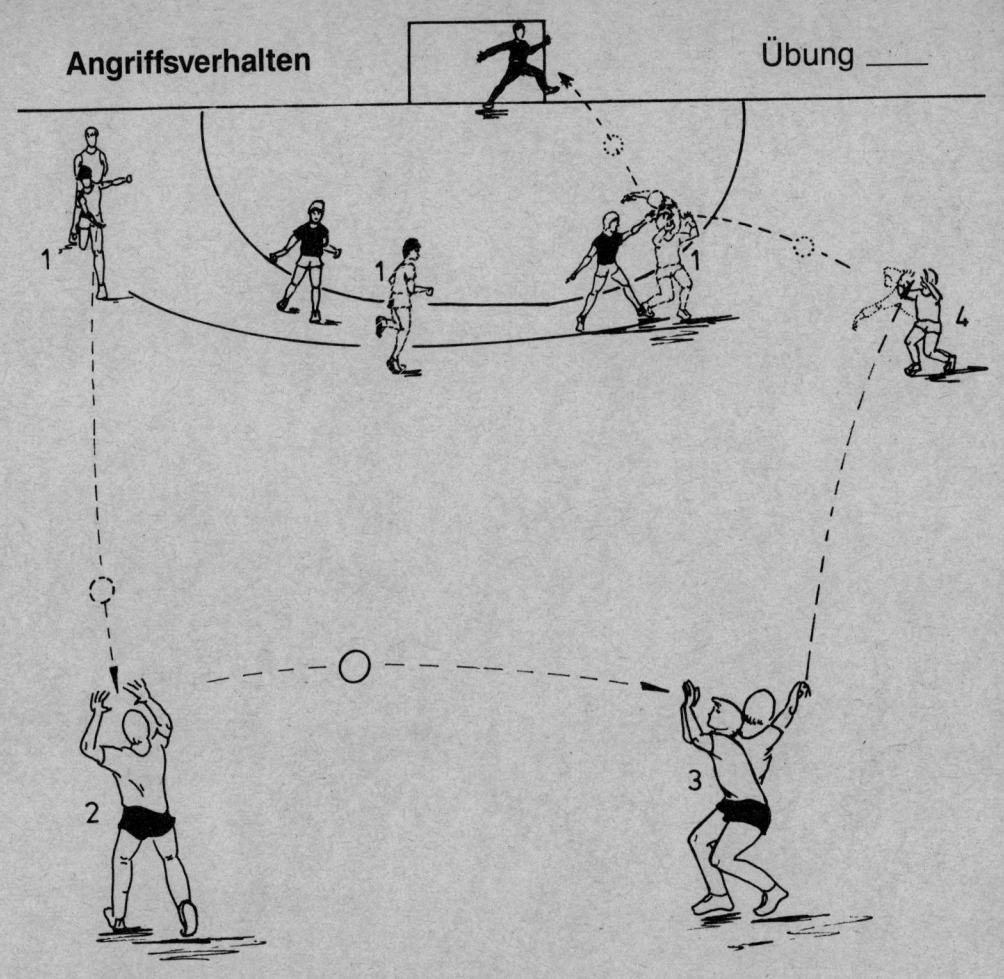

Üben des Zusammenspiels zwischen Rückraum- und Kreisspielern

1 spielt zu 2 und läuft am Torraum entlang.
2 spielt zu 3,
3 spielt zu 4,
4 versucht 1 anzuspielen,
1 wirft aufs Tor.

        Beachtet:
        Die Verteidiger wehren anfangs nur halb-aktiv ab.

Dosierung: ____

Angriffsverhalten   **Übung** _____

Üben des Zusammenspiels zwischen Rückraum- und Kreisspielern

Spieler 1, 2 und 3 spielen sich variabel den Ball zu und bringen Spieler 4 zum Torwurf.

Dosierung: _____

Angriffsverhalten   Übung ―

Schulung des Zusammenspiels von Rückraum- und Kreisspielern

1 spielt zu R 1 und **hinterläuft** den Rückraumspieler R 1.
R 1 gibt zu 1 zurück.
1 spielt zu 4 und stellt sich hinter Gruppe B.
4 beginnt mit R 2 von neuem.

Dosierung: ―――――

Angriffsverhalten — Übung

Schulung taktischen Verhaltens von Rückraum- und Kreisspielern

1 spielt zu R 1 und läuft **hinter** R 1 vorbei.
R 1 gibt zu 1 zurück.
1 wirft aufs Tor und stellt sich hinter Gruppe B.
Der 2. Torwart spielt zu 4 und dieser beginnt mit R2 von neuem.

Dosierung:

Angriffsverhalten   Übung ____

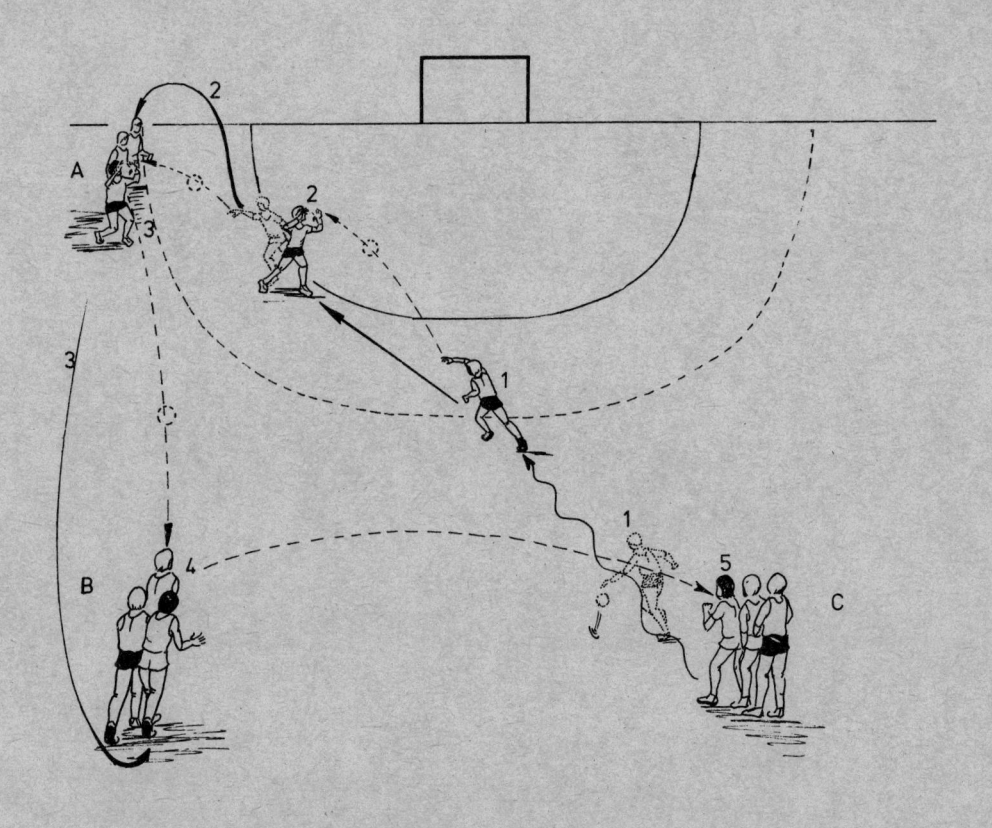

Üben des Bewegungsspiels in der Vierergruppe

1 prellt diagonal und spielt zu 2.
1 nimmt den Platz von 2 ein.
2 spielt zu 3 und stellt sich hinter Gruppe A.
3 spielt zu 4 und stellt sich hinter Gruppe B.
4 spielt zu 5 und stellt sich hinter Gruppe C.
5 beginnt neu.

Dosierung: _____

Angriffsverhalten Übung ____

Üben des Achterlaufes — Entwickeln von Raumgefühl / Verbessern spielspezifischen Bewegungsverhaltens

Der Ball wird im Rückraum und über die Außenpositionen gespielt.
Der Laufweg führt nach Abspiel aus dem Rückraum diagonal durch die Abwehrordnung.

Dosierung: _____

Angriffsverhalten   Übung ____

Üben des Achterlaufs mit halb-aktiven Abwehrspielern

Die Spieler laufen im Sinne einer Acht ihrem Abspiel nach:
Spiel- und Laufwege: 1 zu 2; 2 zu 3; 3 zu 4; 4 zu 5; 5 zu 6;
6 zu 1 usw.

                    Beachtet:
                    Die Verteidiger stören die Ballannahme halb-aktiv.

Dosierung: _____

Abwehrverhalten　　　　　　　　　　　　　**Übung** ____

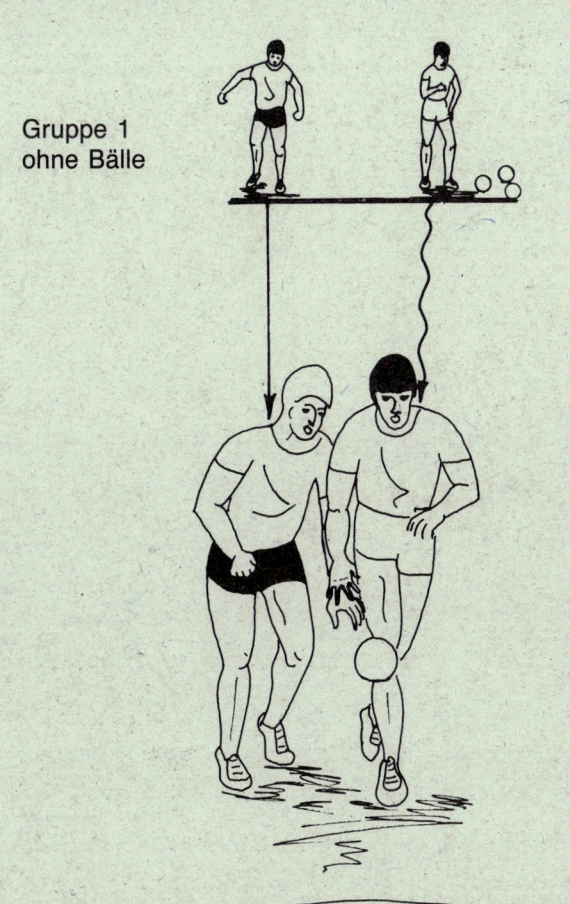

Gruppe 1
ohne Bälle

Gruppe 2
mit Bällen

Üben der Mannabwehr im Mittelfeld

Verfolge den Ballbesitzer mit engem Körperkontakt.
Laufe dabei auf der Wurfhandseite und versuche in Ballbesitz zu gelangen.
Spiele den Ball weg, wenn er vom Boden hochprellt!

Dosierung: _____

Abwehrverhalten   Übung

Üben des Abwehrverhaltens im Augenblick der Ballannahme

Spieler A und B laufen dicht nebeneinander her.
C spielt A an.
B stört mit der Innenhand.

Dosierung: ─────────────

Abwehrverhalten

Übung

Üben des Abwehrverhaltens bei Schlagwürfen (Blocken)

Stelle dich auf die Wurfhand des Schützen ein und wehre durch Blocken ab. Benutze dazu **beide Hände**.

Beachte: Eine Hand in Überkopfhöhe, eine Hand verfolgt den Ball!

Dosierung:

Abwehrverhalten Übung ____

       Gruppe 1   Gruppe 2   Gruppe 3

Blocken gegen Würfe aus dem Stand

Die Spieler üben in den Gruppen in folgender Weise:
— Angriffsspieler paßt zum Abwehrspieler
— Abwehrspieler paßt zurück.
— Angriffsspieler wirft, Wurfseite und Wurfhöhe sind festgelegt. Abwehrspieler blockt.

    Weiterführung: Wurfseite ist festgelegt, Wurfhöhe beliebig.
                    Wurfhöhe ist festgelegt, Wurfseite beliebig.
                    Wurfhöhe und Wurfseite beliebig.

Dosierung: _____

Abwehrverhalten — **Übung**

Üben des Abwehrverhaltens bei Sprungwürfen

Stelle dich auf die Wurfhand des Schützen ein.
Verhindere den Wurf durch einen beidhändigen Block.

Dosierung:

Abwehrverhalten   Übung ____

Üben des Abwehrverhaltens bei Sprungwürfen

Laufe dicht neben dem Ballbesitzer her und wehre am Torraum durch Vorhalten der **inneren** Hand ab.

Beachte:
Stelle als Abwehrspieler Körperkontakt mit dem Ballbesitzer her.
Weiche als Ballbesitzer dem Körperkontakt durch seitliches Abbeugen aus.

Dosierung: _____

Abwehrverhalten Übung _____

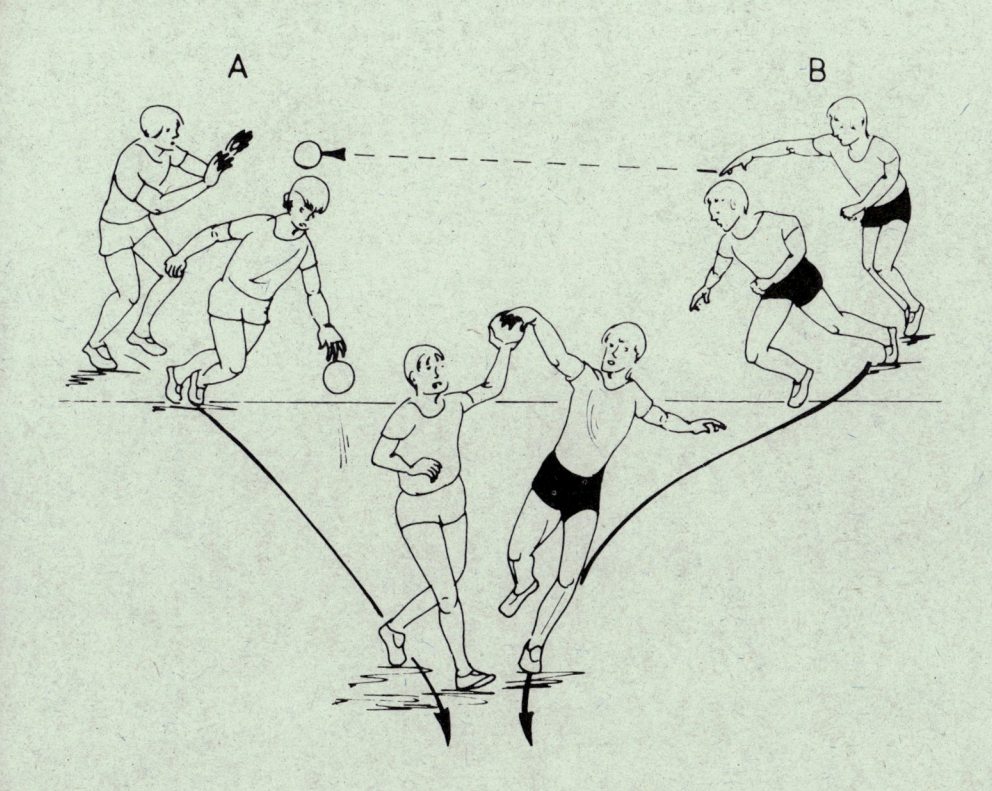

Üben des Abwehrverhaltens bei Durchbrüchen

2 Gruppen A und B stehen an der Mittellinie schräg zueinander.
B spielt zu A.
A prellt zum Tor.
B läuft mit und versucht, den Ball beim Wurf von der Hand zu spielen.

Dosierung: _____

Abwehrverhalten —————————————————————— Übung

Üben des Abwehrverhaltens bei Durchbruchversuchen mit Sprungwurfabschluß

A prellt auf B zu, täuscht nach rechts an, läuft links am Abwehrspieler vorbei und wirft aufs Tor.
B bewegt sich mit und wehrt mit der Innenhand ab.

A beachte: Täuschbewegung durch Schritt nach rechts einleiten.
B beachte: Auf der Wurfarmseite des Ballbesitzers abwehren. Täuschbewegung nur zum Teil mitmachen!

Abwehrverhalten Übung ____

Üben der Mannabwehr am Torraum

Der Abwehrspieler wehrt den Kreisspieler von vorn ab, um die volle Bewegungsfreiheit zu behalten.
Hände zur Mannsicherung nach hinten nehmen!
A und B versuchen, C freizuspielen.

Beachte:
Ein zu weites Heraustreten schafft für die Angriffsspieler Anspielmöglichkeiten!

Dosierung: ____

Abwehrverhalten　　　　　　　　　　　　　　　　Übung ____

Üben der Mannabwehr am Torraum

A versucht B anzuspielen.
C versucht, dies zu verhindern, indem er mit B von hinten engen Körperkontakt hält.
Gelingt B die Ballannahme, versucht B sich von C wegzudrehen und aufs Tor zu werfen.

Dosierung: ____

Abwehrverhalten Übung _____

Üben des Abwehrverhaltens bei Torwurffinte

Nr. 1 täuscht einen Torwurf an, spielt aber Nr. 2 an.
Nr. 2 wirft aufs Tor.

    Beachte: Der Abwehrblock steht auf der Wurfhandseite.
               Der Torwart deckt die kurze Ecke
               (aus der Sicht von 2).

Dosierung: _____

Abwehrverhalten Übung ____

Üben des Abwehrverhaltens bei Freiwürfen

Wirf geradeaus!

Beachtet: Der Abwehrspieler steht diesmal **nicht** auf der Wurfhandseite. Der Torwart deckt die **kurze** Ecke.

Dosierung: _____

Abwehrverhalten Übung ____

Üben des Abwehrverhaltens bei Freiwürfen

Führe den Freiwurf **direkt** aus.
Der Freiwurfblock deckt die lange Ecke, der Torwart die kurze.

Dosierung: _____

Abwehrverhalten　　　　　　　　　　　　　　　　　Übung _____

Üben des Abwehrverhaltens bei Freiwürfen

Führe den Freiwurf direkt aus.
Laß dich dazu entgegengesetzt zur Wurfhand fallen.
Der Freiwurfblock deckt eine, der Torwart die andere Ecke.

Beachtet: Der Torwart steuert die Stellung des Freiwurfblocks!

Dosierung: _____

Abwehrverhalten Übung ____

Gruppentaktisches Abwehrverhalten

Die Angriffsspieler 1 und 2 spielen sich den Ball zu.
Ist 1 im Ballbesitz, tritt Abwehrspieler A auf ihn zu.
Spielt 1 zu 2, tritt B auf 2 zu.
Gleichzeitig bewegt sich A diagonal nach schräg hinten, um den Raum zu sichern.

Dosierung: _____

Abwehrverhalten Übung ____

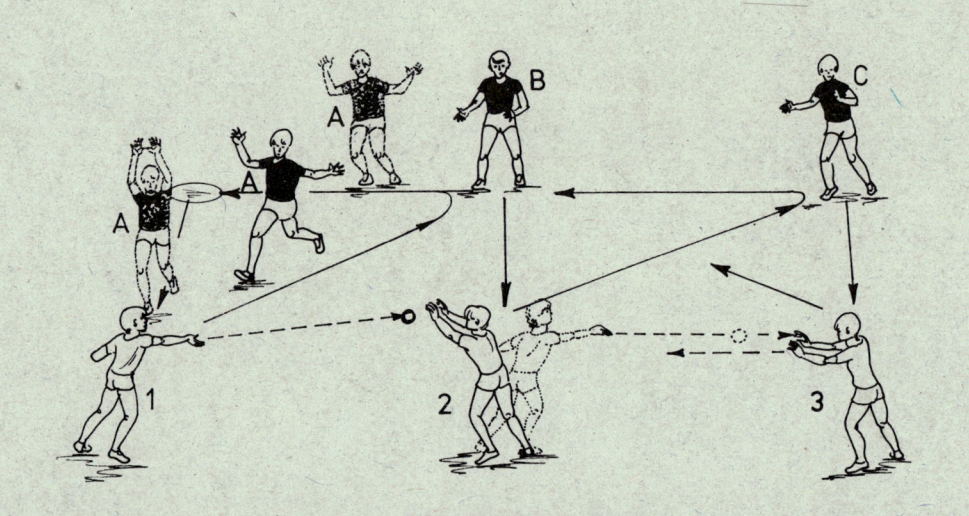

Gruppentaktisches Abwehrverhalten (3:3)

Die Angriffsspieler 1, 2 und 3 spielen sich den Ball vor den Abwehrspielern A, B und C zu.
Ist der Angriffsspieler 1 in Ballbesitz, tritt ihm der Abwehrspieler A schnell entgegen.
Paßt 1 zu 2 weiter, bewegt sich A diagonal nach schräg hinten.
Ist Angreifer 2 in Ballbesitz, tritt Abwehrspieler B heraus usw.

Dosierung: _____

Spielerische Übungs- und Wettkampfaufgaben   Spiel
(Allgemeine Spielfähigkeit)

Drittenabschlagen

Spielzweck: Verbesserung der Schnelligkeit und der Gewandtheit.
Spielverlauf: 1. Die Spieler stehen paarweise im offenen Innenkreis.
2. Ein Fänger versucht, einen Mitspieler zu fangen. Dieser flieht um den Kreis herum oder durch den Kreis hindurch. Um sich vor der Verfolgung zu retten, stellt er sich vor ein Spielerpaar.
3. Jetzt wird der hintere der so entstandenen Dreiergruppe verfolgt.
4. Bei Abschlag erfolgt Rollenwechsel.

Variationen:
— Der Verfolgte muß zwischen den Beinen der Mitspieler hindurchkriechen, um sich ablösen zu lassen.
— Der durch Vorstellen freigewordene Hintermann wird zum Verfolger.

Spielerische Übungs- und Wettkampfaufgaben Spiel
(Allgemeine Spielfähigkeit)

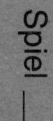

Ring-Hockey

Spielzweck: Ausbildung allgemeiner Spielfähigkeit.
Spielverlauf: 1. Zwei Mannschaften spielen um den Besitz eines Gummirings, der in das gegnerische Tor geschoben werden soll.
2. Wird der Ring mit dem Stab geführt, muß er nach 3 Schritten abgegeben werden.
3. Wer erzielt die meisten Tore?

Variationen:
— Spielbeginn durch Bully.
— Veränderung der Mannschaftsstärke, der Spielfeldgröße etc.

Spielerische Übungs- und Wettkampfaufgaben
(Allgemeine Spielfähigkeit)

Spiel ____

Sitzfußball (Spinnenfußball)

Spielzweck: Ausbildung allgemeiner Spielfähigkeit.
Spielverlauf:
1. Zwei Mannschaften mit 3—5 Spielern spielen gegeneinander.
2. Der Ball wird mit den Füßen oder mit dem Kopf gespielt.
3. Die Spieler dürfen nicht aufstehen und die Hände vom Boden lösen.
4. Die Wände gehören zum Spielfeld.
5. Wer erzielt die meisten Tore?

Spielerische Übungs- und Wettkampfaufgaben   Spiel ____
(Ballführung)

Rundenprellen nach Sechs-Tage-Art

Spielzweck: Verbesserung der Schnelligkeitsausdauer und der Ballführung.

Spielverlauf: 2—4 Mannschaften mit 4—6 Spielern spielen gegeneinander.
Die Mannschaften stehen an den Ecken eines Rechtecks.
Der erste Spieler jeder Mannschaft prellt eine Runde und übergibt dann den Ball an den zweiten Spieler usw.
Welche Mannschaft ist zuerst fertig?

Variationen: — Vergrößerung des Rechtecks
— Lauf über 2 bzw. 3 Runden
— Veränderung des Ballmaterials

Spielerische Übungs- und Wettkampfaufgaben (Ballführung) Spiel

Tag und Nacht

Spielzweck: Verbesserung der Geschicklichkeit beim Prellen und der Reaktionsschnelligkeit.

Spielverlauf:
1. Zwei Mannschaften stehen sich in 3—5 m Abstand gegenüber, vor jedem Spieler liegt ein Ball.
2. Auf ein optisches oder akustisches Zeichen versucht die angezeigte Mannschaft, mit ihren Bällen zur Stirnwand zu prellen, ohne abgeschlagen zu werden.
3. Nur die weglaufende Mannschaft prellt.

Variationen:
— Beide Mannschaften prellen ihre Bälle;
— Start aus verschiedenen Stellungen (Bauch-, Rückenlage).

Spielerische Übungs- und Wettkampfaufgaben (Ballführung)

Spiel —

Prell-Fangen

Spielzweck: Verbesserung der Geschicklichkeit beim Prellen.
Spielverlauf: 1. Die Spieler verteilen sich in der Halle.
Der Fänger prellt den Ball und versucht, die anderen Spieler abzuschlagen.
2. Der abgeschlagene Spieler erhält einen Ball und wird zum Mitfänger, usw.

Variationen:
— alle prellen einen Ball;
— die Abgeschlagenen setzen sich und versuchen, den Ball wegzuschlagen.

Spielerische Übungs- und Wettkampfaufgaben (Ballführung)

Spiel ____

Torprellen

Spielzweck: Verbesserung der Geschicklichkeit beim Prellen.

Spielverlauf:
1. Zwei 3er-Mannschaften stehen sich in den Hallenhälften gegenüber. Jeder Spieler hat einen Ball.
2. Die Spieler versuchen, ihren Ball ins gegnerische Tor zu prellen. Die Spieler der gegnerischen Mannschaft sollen dies verhindern.
3. Wer erzielt bei 5 Angriffen die meisten Tore?

Variationen:
— 4er-, 5er-, 6er-Mannschaften.
— Die Mannschaften haben nur einen Ball, der von der ballführenden Mannschaft prellend ins Tor gespielt werden muß.

Spielerische Übungs- und Wettkampfaufgaben (Passen und Annehmen)   Spiel

Wettwanderball

Spielzweck: Verbesserung des Zuspiels.
Spielverlauf:
1. Mehrere Mannschaften spielen gegeneinander.
2. Der Ball wird von Spieler zu Spieler hin- und zurückgespielt.
3. Sieger ist die Mannschaft, die nach einem oder mehreren Durchgängen den Ball am schnellsten wieder zum Ausgangspunkt bringt.

Variation:
— Spiel mit mehreren Bällen
— indirektes Zuspiel

Spielerische Übungs- und Wettkampfaufgaben (Passen und Annehmen) Spiel

Schützt euer Feld

Spielzweck: Verbesserung der Wurfkraft und der Schnelligkeit.
Spielverlauf:
1. Zwei Mannschaften mit gleicher Anzahl von Bällen spielen gegeneinander.
2. Jede Mannschaft muß möglichst viele Bälle ins gegnerische Feld werfen.
3. Bei Abpfiff hat diejenige Mannschaft gewonnen, die am wenigsten Bälle im Feld hat.

Variation: Bevor der Ball ins gegnerische Feld geworfen wird, muß er einmal abgespielt werden.

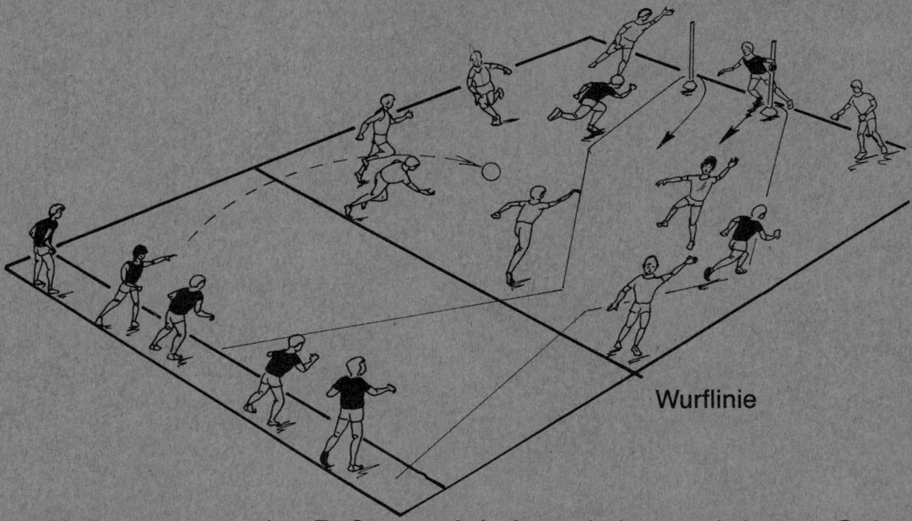

Spielerische Übungs- und Wettkampfaufgaben (Passen und Annehmen) Spiel

Wurfball

Spielzweck: Verbesserung der Paßgenauigkeit und des peripheren Sehens.

Spielverlauf:
1. Die Laufmannschaft (dunkel) steht an der Stirnseite, die Feldmannschaft ist im Spielfeld verteilt.
2. Die Spieler der Laufmannschaft werfen einen Ball über die Wurflinie ins Feld. Dann versuchen ein bis zwei Spieler, ein Laufmal zu umlaufen und zur Ausgangslinie zurückzukehren, ohne von der Feldmannschaft abgeworfen zu werden.
3. Jeder gültige Lauf (ohne Abwurf) zählt einen Punkt. Wenn jeder Spieler gelaufen ist, erfolgt Mannschaftswechsel.

Wurflinie

Spielerische Übungs- und Wettkampfaufgaben (Passen und Annehmen) Spiel

Jägerball

Spielzweck: Verbesserung der Schnelligkeitsausdauer und des Zusammenspiels.
Spielverlauf:
1. Der „Jäger" versucht, die „Hasen" abzuwerfen.
2. Jeder getroffene Hase wird zum Jäger und hilft beim Abwerfen.
3. Es dürfen nicht mehr als 3 Schritte mit dem Ball gelaufen werden, dann Abspiel oder Abwurf.

Variationen:
— Spiel mit 2 Bällen
— die Hasen besitzen einen Ball, den sie sich zuspielen (3 Sek.-Regel), wobei ein Ballbesitzer nicht abgeworfen werden darf.

Spielerische Übungs- und Wettkampfaufgaben (Passen und Annehmen) Spiel

Kombinationsball

Spielzweck: Verbesserung des Zuspiels, des Freilaufens und der Ausdauer.
Spielverlauf: 1. Zwei Mannschaften kämpfen in einem abgegrenzten Raum um den Ballbesitz (Handballregeln!).
2. Die ballbesitzende Mannschaft spielt sich den Ball zu, wobei jeder gefangene Ball einen Punkt zählt.
3. Sieger ist die Mannschaft, die zuerst eine festgelegte Punktzahl erreicht hat.

Variationen:
— Zuspiel mit und ohne Prellen
— Zuspielarten ändern (direkt/indirekt)
— Verkleinerung der Spielfeldfläche

Spielerische Übungs- und Wettkampfaufgaben (Passen und Annehmen) Spiel

Ball zum König

Spielzweck: Verbesserung des Freilaufens, des situativ richtigen Zuspielens und der Ausdauer.

Spielverlauf:
1. Auf einem Kasten in der Hallenmitte steht der König, der den Ball ins Spiel bringt (z. B. Wurf gegen die Wand oder Decke).
2. Jede Mannschaft versucht, sich in Ballbesitz zu bringen und den Ball dem König so zuzuspielen, daß er ihn fangen kann.

Variationen:
— jede Mannschaft hat einen König;
— Würfe nur links bzw. rechts erlaubt;
— mit und ohne Prellen.

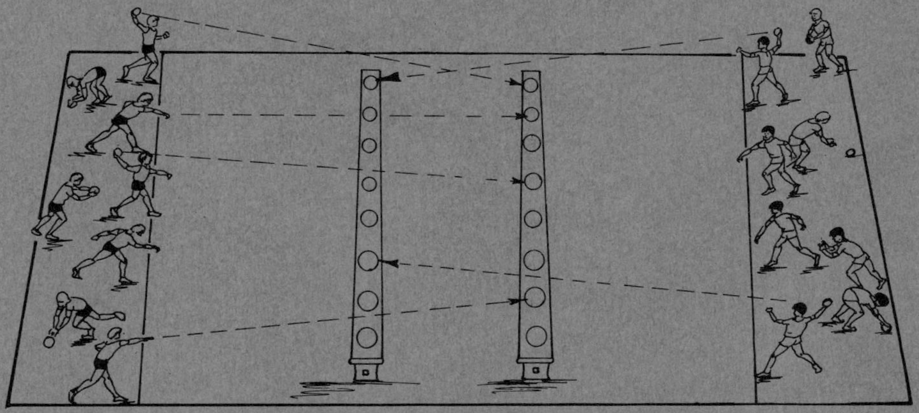

Spielerische Übungs- und Wettkampfaufgaben (Werfen) Spiel

Bälle von der Bank

Spielzweck: Verbesserung der Wurfgenauigkeit.
Spielverlauf:
1. In der Hallenmitte stehen 2 Bänke mit Medizinbällen.
2. Von einer Wurflinie aus versuchen beide Mannschaften, die Medizinbälle von der **gegnerischen** Bank zu werfen.
3. Sieger ist, wer diese Aufgabe zuerst erfüllt hat.

Variationen:
— 2 Längsbänke nebeneinander, kleinere Bälle;
— Vergrößerung der Wurfdistanz.

Spielerische Übungs- und Wettkampfaufgaben Spiel ___
(Werfen)

Balltreiben

Spielzweck: Schulung der Wurfgenauigkeit.

Spielverlauf: 1. Zwei Mannschaften, mit einer möglichst großen Zahl von Bällen, stehen sich an den Stirnseiten des Spielfeldes gegenüber.
2. Der in der Spielfeldmitte liegende Ball muß über die gegnerische Begrenzungslinie getrieben werden.

Variationen: — Spiel mit 4 Mannschaften;
— Veränderung des Ballmaterials (schwerere bzw. kleinere Bälle).

Spielerische Übungs- und Wettkampfaufgaben Spiel ___
(Werfen)

Burgball

Spielzweck: Verbessern des Zuspiels /
Einsetzen des Schlagwurfes aus dem Stand.

Spielverlauf: 1. Ca. 7 Spieler bilden mit einem 5—7-m-Radius einen Kreis um die „Burg".
2. Der Burgwächter muß die Würfe so abwehren, daß der Medizinball nicht vom Kasten fällt.
3. Gelingt ein Treffer, so löst der Schütze den Burgwächter ab.

Variation: Vergrößerung der Wurfdistanz.

Spielerische Übungs- und Wettkampfaufgaben   Spiel ___
(Werfen)

Jagd auf den Angsthasen

Spielzweck: Verbesserung allgemeiner Spielfähigkeit.
Spielverlauf: 1. In einem abgegrenzten Spielfeld laufen bis zu 10 Jäger durcheinander.
2. Sie dürfen, nach mindestens dreimaligem Zuspiel, den „Angsthasen" abwerfen.
3. Der „Angsthase" ist besonders gekennzeichnet und darf sich hinter herumstehenden Geräten verstecken.
4. Wer trifft, wird selbst zum „Angsthasen".

Wichtig: Weiche Bälle benutzen.
Variationen: — Mehrere Bälle verwenden.
— Mehrere „Angsthasen" einsetzen.

Spielerische Übungs- und Wettkampfaufgaben (Werfen)

Spiel

Ball über die Schnur mit Torwurf

Spielzweck: Verbesserung der Wurfgenauigkeit und der Wurfgeschicklichkeit.
Spielverlauf:
1. Eine Zauberschnur teilt die Halle in Reichhöhe. An den Stirnseiten des Feldes steht je ein Tor. Auch die gesamte Wand kann als Tor dienen.
2. Berührt der Ball den Boden des Gegners, ist ein Punkt erzielt; wird ein Tor geworfen, zählt es zwei Punkte.

Wichtig: Einhalten der Handball-Schrittregel. Abwurf stets vor der Abwurflinie.

Spielerische Übungs- und Wettkampfaufgaben   Spiel ___
(Passen, Annehmen und Werfen)

Doppeltorspiel

Spielzweck: Schulung allgemeiner Spielfähigkeit.
Spielverlauf: 1. Um das Doppeltor wird ein Torraum von 4—6 m Durchmesser gezogen.
2. Zwei Torleute sind für beide Mannschaften zuständig.
3. Zwei Mannschaften von 4—6 Spielern versuchen, von beiden Seiten Tore zu erzielen.

Spielerische Übungs- und Wettkampfaufgaben   Spiel ____
(Passen, Annehmen und Werfen)

Kastenhandball auf 2 Tore

Spielzweck: Verbesserung spezieller Spielfähigkeit.
Spielverlauf: 1. Zwei Mannschaften mit 3 bis 5 Spielern spielen gegeneinander.
2. Wer die meisten Tore erzielt hat, ist nach einer zuvor festgelegten Spielzeit Sieger.
Variationen: — Die Kastenteile werden durch Matten ersetzt.
— Die Torraum- und die Spielfeldgröße werden der Leistungsfähigkeit der Gruppe angepaßt.

Spielerische Übungs- und Wettkampfaufgaben   Spiel ____
(Passen, Annehmen und Werfen)

Doppeltorspiel mit 2 Torwarten

Spielzweck: Verbesserung spezieller Spielfähigkeit.
Spielverlauf: 1. Jede Mannschaft besitzt ein eigenes Spielfeld mit eigenem Torwart.
2. Jede Mannschaft verteidigt das eigene Tor und versucht, **auf der Gegenseite** Tore zu erzielen.

Der Torraum ist 5—6 m groß.

Spielerische Übungs- und Wettkampfaufgaben Spiel ____
(Passen, Annehmen und Werfen)

Schützt eure Wände

Spielzweck: Verbesserung spezieller Spielfähigkeit.
Spielverlauf: 1. Beide Mannschaften verteidigen die eigenen Wände bis 2 m Höhe (Markierung).
2. Die angreifende Mannschaft darf sich den Ball bis zur Mittellinie zuspielen.
An der Mittellinie muß geworfen werden.
3. Jeder Treffer bis in 2 m Höhe zählt als Punkt. Wenn jeder Spieler einmal geworfen hat, greift die andere Mannschaft an.
Variationen: — Spiel mit 2 Bällen;
— nur indirekte Würfe sind erlaubt.

Spielerische Übungs- und Wettkampfaufgaben Spiel ____
(Passen, Annehmen und Werfen)

Vier-Tore-Spiel

Spielzweck: Verbesserung spezieller Spielfähigkeit.

Spielverlauf: 1. Zwei Mannschaften von 5 bis 8 Spielern.
2. Jede Mannschaft greift gegen 2 Tore an.
3. Jede Mannschaft verteidigt 2 Tore.

Variationen: Das Spiel kann auch als Fußballspiel gespielt werden.

Spielerische Übungs- und Wettkampfaufgaben   Spiel ____
(Passen, Annehmen und Werfen)

Handball auf dem Schulhof

Spielzweck: Verbesserung spezieller Spielfähigkeit.
Spielverlauf: 1. Zwei Mannschaften von 3 bis 10 Feldspielern und 2 Torleuten spielen gegeneinander.
2. Die Spielfeldgröße wird den Gegebenheiten angepaßt. Zur Not wird auch „um die Ecke" gespielt.
3. Tore und Torraum werden mit den zur Verfügung stehenden Materialien hergestellt.

Spielaufgaben zur Ausbildung spezieller Spielfähigkeit
Überzahlverhältnis der Angreifer

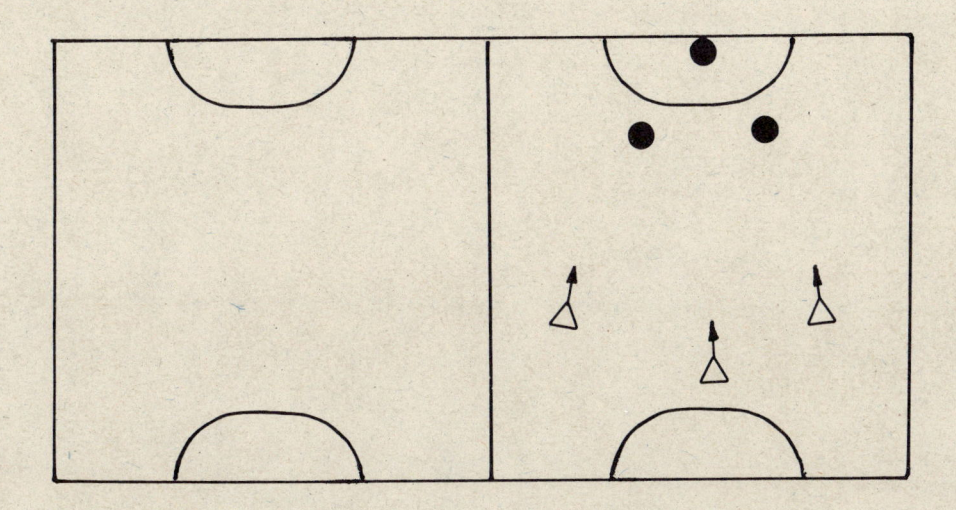

Spiel 1: Drei Angreifer gegen 2 Abwehrspieler (3:2).
Spielzweck: Verbessern des situationsgerechten Passes und des Torwurfes;
Üben des Angriffs- und Abwehrverhaltens bei Über- bzw. Unterzahl;
Verbessern des Zuspiels (Platzhalten) und des Torwurfs.
Spielverlauf: 1. Drei Feldspieler greifen an, zwei Feldspieler und ein Torwart verteidigen.
2. Nach dem Angriff geht ein Spieler der Dreiergruppe ins Tor, die beiden anderen Abwehrspieler erwarten jetzt den Angriff der gegnerischen Dreiergruppe.
3. Wer nach einer bestimmten Zeit oder 10 Angriffen die meisten Tore erzielt hat, ist Sieger.
4. Mannschaftsstärken: 2:1; 4:2; 4:3.

Spielaufgaben zur Ausbildung spezieller Spielfähigkeit
Überzahlverhältnis der Angreifer

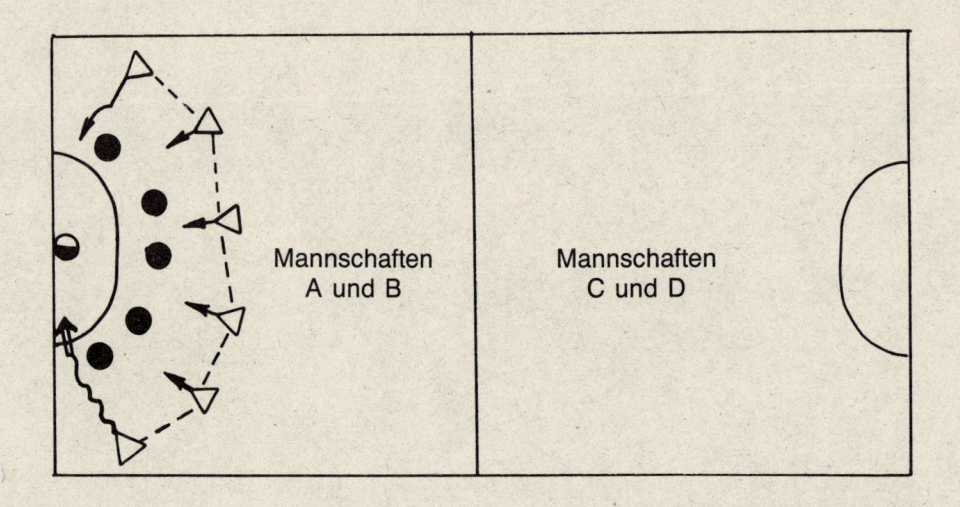

Mannschaften A und B

Mannschaften C und D

Spiel 2: 6 Angreifer gegen 5 Abwehrspieler.
Spielzweck: Ausspielen des Überzahlverhältnisses.
Spielverlauf: 1. Spiel auf 1 Tor.
2. Angriff in breiter Front.
3. Durch Laufbewegungen, schnelle Pässe und Wurfantäuschungen werden die Abwehrspieler gebunden.
4. Der Außenspieler wird freigespielt und kommt zum Torwurf.

Spielaufgaben zur Ausbildung spezieller Spielfähigkeit Angriffsspieler und Abwehrspieler in Gleichzahl

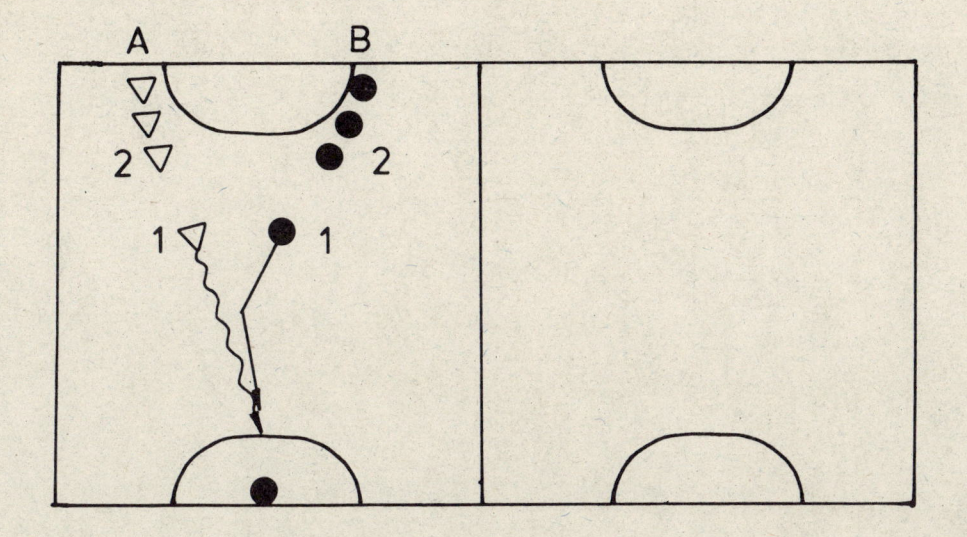

Spiel 3: 1 Angreifer gegen 1 Abwehrspieler.
Spielzweck: Schulung der Schnelligkeit; Üben des Herausspielens des Balles; Sichern des Balles beim Prellen; Gerader Durchbruch.
Spielverlauf: 1. Spieler 1 der Gruppe A prellt zum Tor und wirft. Der Spieler 1 der Gruppe B versucht, den Ball herauszuspielen.
2. Dann üben die beiden Spieler Nr. 2 usw.
3. Welche Gruppe erzielt die meisten Tore?

Spielaufgaben zur Ausbildung spezieller Spielfähigkeit Angriffsspieler und Abwehrspieler in Gleichzahl

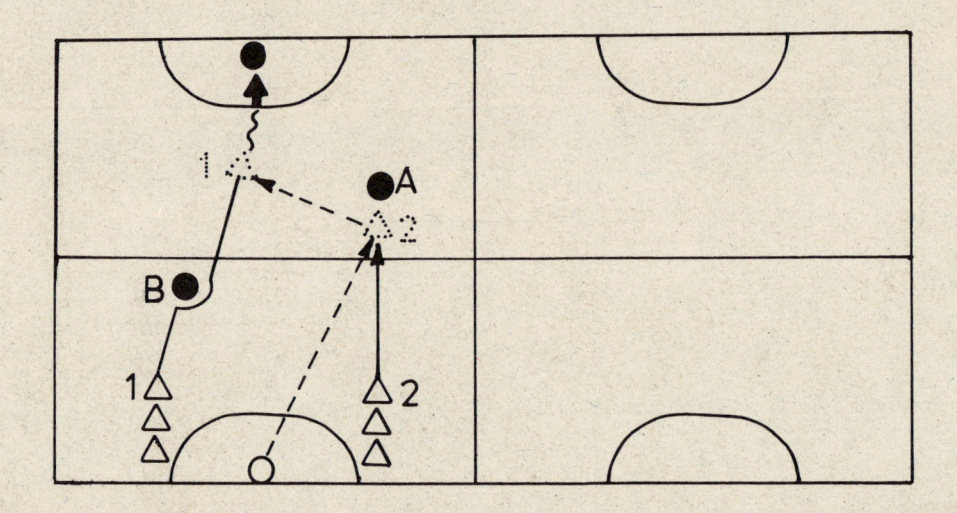

Spiel 4: 2 Angreifer gegen 2 Abwehrspieler.
Spielzweck: Verbessern der Schnelligkeit; Fintieren, Lösen vom Gegenspieler, Torwurf.
Spielverlauf:
1. Angriffsspieler 2 erhält den Ball vom Torwart.
2. Er stoppt seinen Lauf vor Abwehrspieler A.
3. Angriffsspieler 1 wird kurz vor der Mittellinie von Abwehrspieler B erwartet.
4. Er versucht, sich von B zu lösen (Tempowechsel, Finte), bricht durch, erhält das Zuspiel von 2 und wirft aufs Tor.
5. Nach einem Durchgang Aufgabenwechsel.
6. Welche Gruppe erzielt die meisten Tore?

Spielaufgaben zur Ausbildung spezieller Spielfähigkeit Angriffsspieler und Abwehrspieler in Gleichzahl

Spiel 5: 4 Angreifer gegen 4 Abwehrspieler.
Spielzweck: Verbesserung des gruppentaktischen Zusammenspiels, Üben des Angriffs- und Abwehrverhaltens.
Spielverlauf:
1. Mannschaft A greift an und versucht, zum Torwurf gegen Mannschaft B zu gelangen.
2. Nach Torwurf oder Ballverlust greift Mannschaft B das Tor von Mannschaft C an.
3. Bei Torwurf oder Ballverlust von B, greift Mannschaft C das Tor von Mannschaft A an.
4. Sieger ist die Mannschaft, die nach einer bestimmten Zeit (5 Minuten) die meisten Tore erzielt hat.

Spielaufgaben zur Ausbildung spezieller Spielfähigkeit Angriffsspieler und Abwehrspieler in Gleichzahl

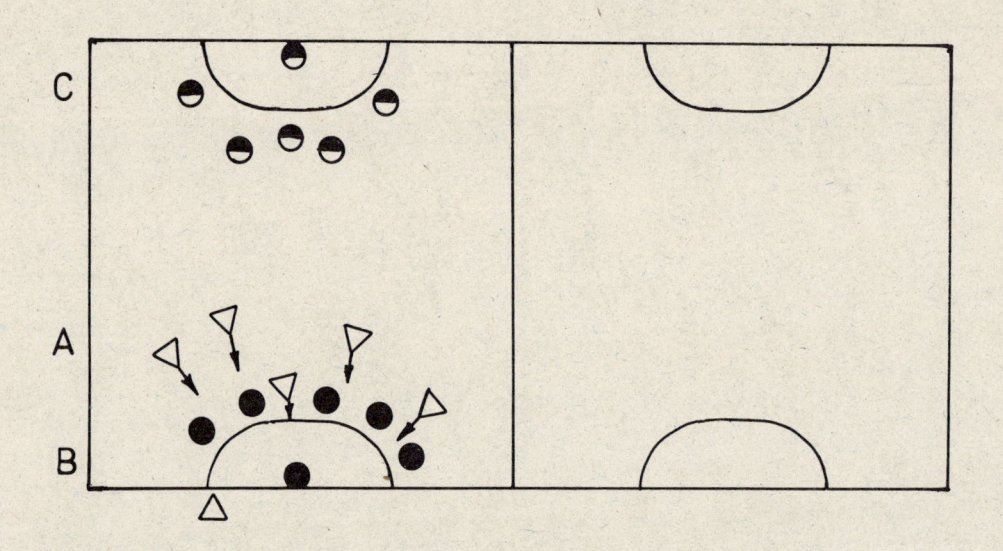

Spiel 6: 5 Angreifer gegen 5 Abwehrspieler.
Spielzweck: Verbessern des Angriffs- und Abwehrverhaltens, des Zuspiels, Torwurfs und Prellens.
Spielverlauf:
1. Mannschaft A greift an und versucht, zum Torwurf gegen Mannschaft B zu gelangen.
2. Nach Torwurf oder Ballverlust greift Mannschaft B das Tor von Mannschaft C an, während sich die Spieler von Mannschaft A am Torraum von B zur Abwehr formieren.
3. Bei Torwurf oder Ballverlust von B, greift Mannschaft C das Tor von Mannschaft A an.
4. Sieger ist die Mannschaft, die nach einer bestimmten Zeit (5 Minuten) die meisten Tore erzielt hat.

Variationen: Festlegen von Positionen in Angriff und Abwehr, Einführung der Raumabwehr.

Spielaufgaben zur Ausbildung spezieller Spielfähigkeit Angriffsspieler und Abwehrspieler in Gleichzahl

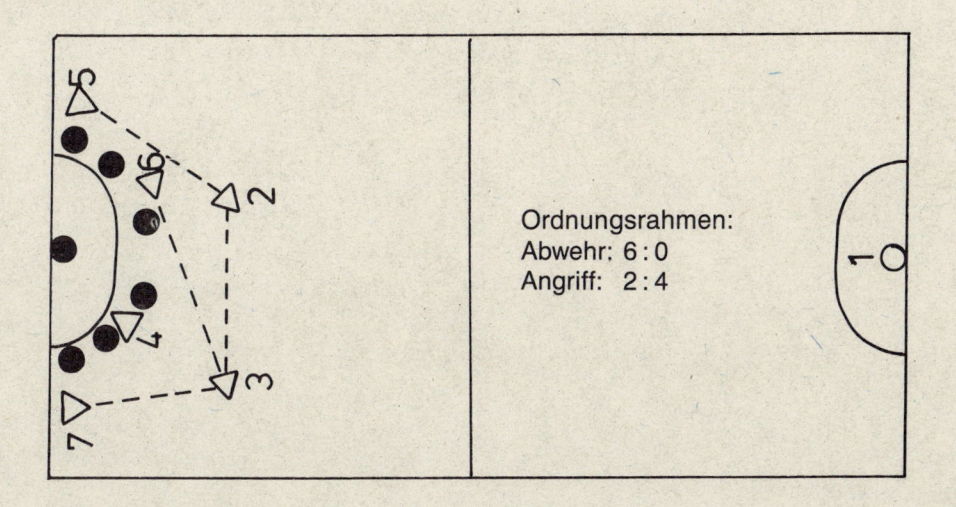

Ordnungsrahmen:
Abwehr: 6 : 0
Angriff: 2 : 4

Spiel 7: 6 Angreifer gegen 6 Abwehrspieler.
Spielzweck: Üben spielnahen Verhaltens bei 6 : 0-Abwehr und 2 : 4-Angriffsordnung.
Spielverlauf: 1. **Ordnungsrahmen** wie in der Abbildung.
2. **Angriffsspiel:**
— Die Spieler 2, 3, 5 und 7 spielen sich den Ball zu.
— 4 und 6 schaffen sich durch dauernde Bewegung in der Abwehr Anspielmöglichkeiten.
3. **Abwehr:**
— Außenspieler bleiben am Torraum
— Schnelle Bewegungen zum Ballbesitzer durch kurzes Heraustreten zum Angriffsspieler

Spielaufgaben zur Ausbildung spezieller Spielfähigkeit Angriffsspieler und Abwehrspieler in Gleichzahl

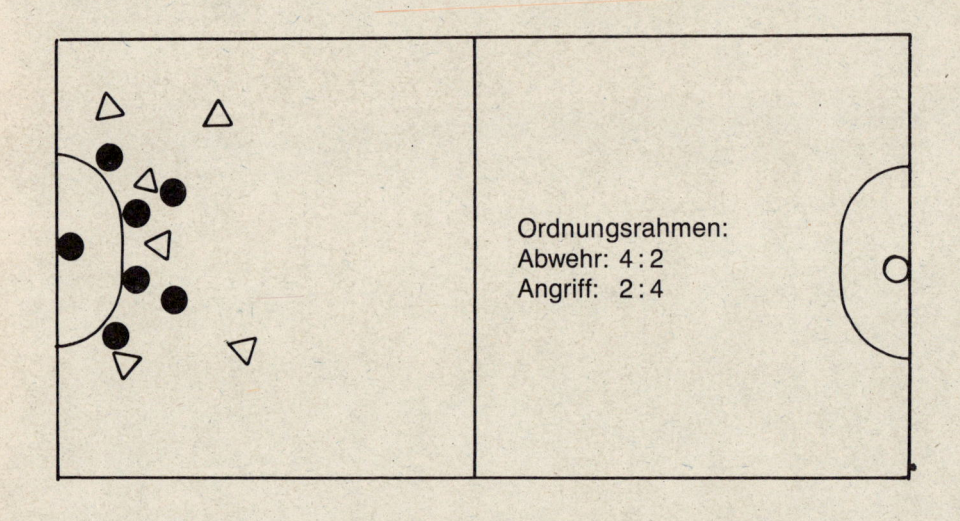

Ordnungsrahmen:
Abwehr: 4:2
Angriff: 2:4

Spiel 8: 6 Angreifer gegen 6 Abwehrspieler.
Spielzweck: Üben wettspielnahen Verhaltens bei unterschiedlichen Ordnungsrahmen.
Spielverlauf: Je nach Wahl der Angriffs- und Abwehrordnungen unterschiedlich.
Angriff: 3:3; 2:4 (siehe Abb.); 5:1; 4:2
Abwehr: 6:0; 3:2:1; 4:2 (siehe Abb.); 5:0 + 1; 0:6 (Mannabwehr)